销售就要玩转情商

90%的人都不会用的成交软技巧

君淮◎著

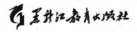
黑龙江教育出版社

图书在版编目（CIP）数据

销售就要玩转情商 / 君淮著. -- 哈尔滨：黑龙江
教育出版社，2017.4（2018.5重印）
（读美文库）
ISBN 978-7-5316-9198-3

Ⅰ.①销… Ⅱ.①君… Ⅲ.①销售－方法 Ⅳ.
①F713.3

中国版本图书馆CIP数据核字（2017）第099833号

销售就要玩转情商
Xiaoshou Jiuyao Wanzhuan Qingshang

君　淮　**著**

责任编辑	宋　菲	
封面设计	久品轩	
责任校对	张国栋	
出版发行	黑龙江教育出版社	
	（哈尔滨市群力新区群力第六大道1305号）	
印　　刷	保定市西城胶印有限公司	
开　　本	880毫米×1230毫米　1/32	
印　　张	7	
字　　数	140千	
版　　次	2017年10月第1版	
印　　次	2018年5月第2次印刷	

书　号	ISBN 978-7-5316-9198-3	**定　价**	26.80元

黑龙江教育出版社网址：www.hljep.com.cn
如需订购图书，请与我社发行中心联系。联系电话：0451-82533097　82534665
如有印装质量问题，影响阅读，请与我公司联系调换。联系电话：010-64926437
如发现盗版图书，请向我社举报。举报电话：0451-82533087

前　言
Preface

美国亿万富翁鲍纳说："只要你拥有成功推销的能力，那你就有白手起家成为亿万富翁的可能。"

销售可以说是世界上最好的职业之一，没有多少职业像销售那样，能让人生发生翻天覆地的变化。

世界上80％的富豪都曾是销售员。从销售员做起，逐渐被擢升为企业的领导人物的例子不可胜数。在创造财富的道路上，销售员也许是最有实力的领跑者。

世界上的销售员可以分为两种，一种是业绩优秀的销售员，另一种则是业绩平庸的销售员。业绩优秀的销售员是一个团体，他们就像无往不胜的战士、迅疾而来的飓风；业绩平庸的销售员也是一个团体，他们却像是面团上的突起、备而不用的轮胎。

前者常常高居销售业绩榜的冠军位置，如明星一般闪耀在公司和客户需要的各个场合；而后者则常常面临完不成销售指标的尴尬处境，甚至时刻面临被公司解聘的危机。

两者可谓是天壤之别，是怎样的原因造成了两者之间如此巨大的不同呢？

根本原因便是思维模式和工作细节上的巨大差别。世界潜能大师、效率提升专家博恩·崔西说过："一个人有多成功，事业有多大，关键是看他怎样去思考，怎样去行动。"

"情商"是销售员最重要的生存能力，是一种发掘情感潜能、运用情感能力影响生活的各个层面和人生未来的品质要素。

"情商"按我们一般的理解，主要指信心、恒心、毅力、乐观、忍耐、直觉、抗挫折、合作等一系列与个人素质有关的反应程度，是一个人运用理智控制情感和操纵行为的能力。情商让我们更好地面对压力，是他人愿意和我们交往的基本原因。

人与人之间的竞争实质上就是情商的比拼，谁的情商高，谁就更容易受到领导及客户的青睐；谁的情商高，谁就抢占更多的人脉资源与潜在机会。正如哈佛丹尼尔·戈尔曼所说："成功=20%的智商+80%的情商。"情商水平的高低对销售员能否取得成功至关重要，高情商是任何一个销售员梦寐以求的良好素养。一个高情商的销售员，通常更善于处理情感、生活以及工作中相关的事务，处理前理念清晰，目的明确，处理中从容不迫，游刃有余，处理后对方满意度更高，结果通常也相对更好。

其实，每个人都是销售员，虽然你不一定直接卖货给别人，但你会销售自己的思想，你会销售自己的人格感染力，甚至你要向你的孩子销售你的价值观，因此，学一学销售的技巧，学一学情商在销售环节当中的结合，你会发现对整个人生都会有一定的帮助。

本书提供了许多实用的方法与策略，运用正确的方法帮读者提升自己的情商，建立起良好的人际关系和社会关系，成就成功的人生。

目 录

CHAPTER **3**　情绪管理：任何场合都不失控

CHAPTER **4**　自我激励：提高抗压等级，越挫越勇

CHAPTER **5** 同理心：把话说到客户心里去

CHAPTER **6** 人际交往：让客户像雪球一样越滚越多

CHAPTER 1

玩转情商：90%的人都不会用的成交软技巧

钱要靠赚，不是靠攒！情商，是赚钱的好工具！销售就要玩转情商，不论你是销售路上的小兵，还是带领团队奋勇向前的总监，都需要明白这个道理：只有提升自己的销售软技巧，才能使你的销售事业节节高。

情商帮你在职场脱颖而出

运用"情商"原理透视成功的话题实在太多，例如现代成功企业家的风险意识、创新意识、统御意识等早已被人们归纳概括的几条秘诀无一不与"情商"直接关联。

现实生活中高情商的人才（智商有可能并不高）取得辉煌业绩的故事同样不胜枚举。在美国工商界，"智商使人得以录用，情商使人得以晋升"的用人准则已经深入人心。

美国有近300家不同行业的公司资助了一项研究，对众多高级主管进行了智商与情商的测试，想了解他们的智商情商和他们的工作之间有什么关系。这一调查的结果十分令人惊讶，情商的影响力是智商影响力的9倍！智商低一点的人，如果拥有更高的情商指数，完全可以获得成功。

对推销员来讲，工作业绩的佼佼者最重要的能力都产生于情感智商。即使是科学家和专业技术人员，分析思考能力的重要性也仅排在第三位，次于感召力和成就动机。这就说明：仅有才华，并不足以使科学家冠绝英豪，除非他（她）还善于影响、说服他人，还有全力以赴争取实现艰巨任务和目标的内控能力。一个懒散或不愿与他人交流的天才，脑子里可能已有了答案，但如果没人知道，或没人关心，那也无济于事。

拿技术尖子来说，这些人通常的头衔是"公司咨询工程师"——高科技公司总是保留一些解决难题的顶尖高手，一旦工程项目出现麻烦，可随时调遣他们。他们在公司里倍受重视，企业的年度报告都将他们归入公司管理层。是什么使这些技术尖子如此特殊呢？波士顿银行的咨询顾问苏珊·埃利斯说："在这些公司工作的每个人几乎都是聪明绝顶的，使这些技术尖子与众不同的不是智力，而是情感能力，是他们善于倾听别人的意见、善于合作并能调动人们的积极性，振臂一呼，应者云集，能领导大家齐心协力工作的能力。"

在未来的工作中，更强调灵活性、团队精神及准确的顾客定向，因此，无论做哪一种工作，无论在世界何地，要想在工作中做出优秀的成绩，这些关键的情感能力都越来越重要。像下面例子中的詹姆斯，在为了获得双方都有益的结果而与人为善方面，是极为优秀的。

詹姆斯是一位才华横溢的销售经理，人们公认他能够爬到公司的顶层管理位置上。

詹姆斯根据销售主管的主意，正在考虑重新组织直销的问题，销售主管要求詹姆斯在董事会上就这一问题发表自己的意见。开会以前，詹姆斯与其他几个可能会因为他的建议而受到影响的部门进行了接触，调查了解他们的意见。然后，他对自己的想法做出了一些调整，使之既能够适应有关各方的既定利益，而又不至于牺牲他的整个目标。但是，令他感到措手不及的是，当他在会议上谈出自己的建议以后，财务主管对此提出了尖锐的批评，这是他未曾料及的事情。这位与詹姆斯不是很熟悉的财务主管指出，在詹姆斯的建议中，存在成本上升的财务漏洞，并提出了自己的成本削减方案。詹姆斯感到非常沮丧，但他始终保持冷静的心态。他对财务主管提出的问题进行了说明和解释，列举了在当前或未来采纳自己建议的一些有利条件。但是，他的建议不幸还是在董事会上被否决了。在对自己的失败进行反思以后，他决定在小范围里对自己的建议进行试验，这样做，一方面可以对他的建议进行检查和验证，另一方面又不必支付不适当的成本。

彼得也是一位很有能力的经理。在改善公司产品营销的效率方面，他是一个思路敏捷、雄心勃勃的人。

彼得的主管要求他在董事会上表达自己的观点。彼得充满激情和热忱地发表了自己的建议，他在任何时候都毫不掩饰地直接流露出自己的热情。但不幸的是，销售主管、市场主管以及财务主管否定了他的建议。因为他的建议听起来成本太高，而且与新的市场营销战略相冲突。彼得被他们的否定打懵了，他精神恍惚地走出会议室。当他回想自己所受到的打击时，心中的怒火越来越大，他固执地认为，在这个公司里，任何一个拥有新想法的人都没有生存空间。他开始玩弄权术，试图对董事会中那些看上去不能"接受"他的观点的成员发起攻击。很快，他成为孤家寡人，被从重要的决策层中逐出。不久，他的一个重要的晋升机会被拒绝，于是他非常恼怒地辞职了。他在这家公司里的经历以失败告终。

与詹姆斯不同，彼得让自己的情绪控制自己。他不是对事情进行冷静细致地分析，而是立刻得出情绪化的破坏性结论，这些结论使他产生极大的恼怒感。他无法令自己跳出这些假设，使自己摆脱消极情绪的影响，结果，他只能在众叛亲离的境况中结束一切。本来，他完全可能通过富有成效的行动，更好地发挥自己热情洋溢的品质，来吸引他人，赢得他们的支持，而不使自己陷入毫无益处的冲突中。

心理学研究表明，在所有最终获得成功的人中，高智商的人所占的比例仅仅为10%左右。很多非常有天资的人，因为在达成联合、处理冲突、解决危机以及保持平衡和实现均衡方面缺乏情感智力，而纷纷被淘汰出局，这是现实生活中一种司空见惯的现象。尽管如此，我们不必气馁，让我们可以感到欣慰的好消息是：除了一些例外情况，大多数人都能够通过学习，来掌握情感智力方面的技能。

情商的后天可塑性很高

不少学校、企业管理人员尝试着把情商运用到实际工作中。最初是在西方国家比较流行，20世纪90年代传入我国之后，立刻引起人们的关注。

在为航天业培养后备力量的北京航空航天大学，每年都从录取的新生中选拔1%的尖子生进行特殊培养，人数为35名，进入高等工程学院，该班的学生单独编班并集中住宿，直至本科毕业。学生一进入该班，学校将为这些尖子生单独配导师，导师包括院士、长江学者、资深博导。选拔出来的尖子生从低年级起就能进入导师的科研队伍和实验室从事科研创新活动。

在高等工程学院学习期限为两年，两年后，根据学生本硕连读和本博连读的志向，由导师来安排后续课程和课题的选择。高分的考生并不一定就能被高等工程学院录取。在选拔进入该班的学生时，除了参考分数、进行单科考试外，还要考查非智力因素，心理测试和情商也是考核的内容之一。通过这种测试可考查学生是否有发展的潜力，而高素质的人才团结协作的能力很重要。可见，对高级人才的培养与训练都已经增加了对"情感智力"的考察。

不妨回头再看一看电影《阿甘正传》里的阿甘，虽然他智商低于正常值20多分，但可以肯定的是，他的"情商"比别人的情商高出许多。阿甘遭受挫折和失恋后总是自言自语："妈妈告诉我，人生……"然后很快就能振作起来重新迎接生活，这就是情绪控制的力量。回想一下捕虾公司的成功，面对一次次捕捞上来的废弃杂物，面对惊涛骇浪、暴风骤雨，阿甘没有丝毫的泄气，也许你会说他傻的不知道什么叫作"成功"，可以说他傻得不知道这叫"失败"，如果那样的话，讨论成功也就没有意义。关键在于阿甘把困难当作巧克力中较苦的味道，他相信会有甜的等着他。我们不知道未来会怎样，于是只有专心做好现在的自己。尤为令人感动的是阿甘的精神感染了心情颓废的上尉，使他昂起头体味美好生活。这种"移情能力"恰恰是情绪智力上的高妙境界。

至于"情商的提高"应该说是一个长期培养的过程而难以一蹴而就。心理学家、管理专家已经初步设计提高情商的训练方法，但至关重要的是每一位青年从现在就开始注重对自身情绪的了解和控制，保持乐观开朗的心态，学习与人融洽共处的技能。

新泽西州聪明工程师贝尔实验室的一位负责人，曾经用情感智商的有关理论，对他的职员进行分析。结果他发现，那些工作绩效好的员工，的确不都是具有最高智商的人，而是那些情商高的人。这表明，与社会交往能力差、性格孤僻的高智商者相比，那些能够敏锐了解他人情绪、善于控制自己情绪的人，更可能得到为达到自己目标所需要的工作，也更可能取得成功。另外一个例子是，美国创造性领导研究中心的坎普尔及其同事，在研究"昙花一现的主管人员"时发现，这些人之所以失败，并不是因为技术上的无能，而是因为情绪能力差，导致人际关系方面陷入困境而最终失败。正是因为在企业界的成功应用，情感智商声名大振，并开始引起新闻媒介的浓厚兴趣。情商为人们开辟了一条事业成功的新途径，它使人们摆脱了过去只讲智商所造成的无可奈何的宿命论态度。因为智商的后天可塑性是极小的，而情商的后天可塑性是很高的，个人完全可以通过自身的努力成为一个情商高手，到达成功的彼岸。智力不是成功的唯一因素，有着聪明过人的大脑绝对是一件值得高兴的事情，因为智力确实在成功的过程中起着不可替代的作用。然而，许多智商高的人却仍然在生活的底层苦苦跋涉，这又是为何呢？那是因为他们没有意识到"情商"在一个人成功路上的重要性。

好性格是情商的重要组成部分

有句话说，性格决定命运。性格作为情商的重要组成部分，对一个人的一生有着深远的影响。

最聪明的人不一定是最可能获得成功的人，因为他们往往不会注意性格特征，对别人和自己的性格都缺乏了解，这样也阻碍了最大限度地自我发挥。而高情商的人，通常在各自的领域内，比如销售人员、教师、大夫、心理专家、经理、律师等容易取得成功，正是因为他们善于观察和解读自己与别人的性格。

因此，性格是决定个人成败的重要因素。

什么是性格？概括地讲，性格就是一个人对人、对事的态度和行为方式上表现出来的心理特点，如理智、沉稳、坚韧、执着、含蓄、坦率，等等。每一种性格又都有不同的层次，比如政治家的理智与农民的理智大不相同。

根据心理学的理论，一般认为一个人的性格很难改变。我们可以认识一个人的性格特征，并在必要时对其做一定程度的修正，但是却很难彻底地去改变他。

性格虽然具有先天性和不可改变性，但是它仍然具有可塑性。我们可以培养自己的好性格，发挥性格中的优势，而避免性格中的劣势。塑造性格的主动权，使性格不在命运的手中，而在我们自己的手中。

性格是情商中的组成部分。所以，要想培养高情商，首先要有一个好性格。把握了性格，也就把握了命运。

　　性格是一个复杂、动态的混合体，由遗传、后天累积的经验、与周围环境的相互作用，以及有意识和潜意识构成。每个人的性格中一直保留着恒定的偏好，无论时间如何流动，它们都保持着本质的稳定。

　　性格偏好，意味着你以某种方式做事的天生爱好。就像你的左右手。你每天都要使用自己的两只手，但出于本能，你一定偏好使用其中的一只，因为它能更加自如、更充分地发挥和协调它的功能。当然，你也可以用不很擅长书写的那只手写字，但你会感到别扭、费力，而且写出来的字也不如另外一只手。

　　性格与职业的选择、成功有着密切的关系。如果你发现自己处在不适宜的管理职位上，或者认为某个职业不适合自己，通常是因为职业角色的要求和你的个性偏好不相匹配。为了有效行使职能或做好这份工作，你常常会改变自己已定型的性格定位，这便带来焦虑和紧张。举例说，一个内向的人需要在一个大型演讲会上发表演说，或者一个急脾气的人要扮演员工关系协调者的角色，这都会让他们感到紧张而将工作搞砸。由于性格偏好与职业角色的要求不协调，个人潜能便不能有效发挥，工作表现自然不如意。

　　如果你能辨别自己的性格偏好，并力图使之和职业角色的要求相互匹配起来，那么你一定会在工作中保持和加强你的优势，控制和减少你的劣势，职业表现肯定强于别人！如果你想取得职业的成功，首先要理解、认清自己的性格偏好；其次是明确在哪种环境下工作，你能最大限度地发挥自己的性格优势；从事什么类型的工作，能让你的性格与职业性质融为一体。

只有理解、认清自己的性格特点，找出自身的优点和缺点，学会扬长避短，才能在社交场上充分表现自己，在职场竞争中表现卓越。

积极的态度改变人生

在这个世界上，成功而卓越的人毕竟是少数，而失败平庸的人是多数。想要在销售行业中成为赢家，就要有积极的心态。因为这就像是在一场竞技赛中，技能是夺冠的基础，而在势均力敌的情况下，无数体育明星夺冠的例子证明了一点：夺得冠军的最重要因素是心态。所以，销售心态也是左右一个人成功或失败的关键因素。

成功的人都有着积极的态度，而失败的人无疑都有着消极的态度。美国著名心理学家威廉·詹姆斯曾说："人类可以借着改变他们的态度，进而改变自己的人生！"

詹姆斯认为，你的想法、观念决定你的一生。只要你愿意改变自己的思想、观念及生活方式，就可以从此脱离一成不变的生活环境，享受海阔天空任翱翔的自由自在的生活，为自己找回人生的梦想。

的确，积极的心态是激发潜能、取得成功的关键。积极心态能够让我们对任何人、任何事物都能够保持诚恳、公正的态度，从而有助于我们开拓更广泛的人脉；积极心态允许我们扩展自己的梦想和希望，促使我们克服消极心态，树立实现理想的信心。拥有了积极心态，我们就可以在面对任何挑战的时候都拥有"我一定能……"的心态。

推销员需要积极心态，靠积极思想所蕴藏的力量去体验人生中的精华，获得精神境界的享受。当你身心放松，时刻准备迎接灵感的到来，并能够及时做出反应时，你就会想出最棒的主意；反之，如果你的思想中充满了恐惧、疑虑和烦躁的消极情绪，就想不出好主意来。

所以，在推销不顺心时，我们一定要静下心来，注意提醒自己"我的心态现在处于什么状态，是积极的还是消极的？我的情绪现在处于哪种状态，是兴奋的还是悲伤的？"如果答案不是前者，那么，我们就应该赶紧调整好心态，让它从消极状态转为积极状态，从悲伤情绪转为兴奋情绪。只有这样，才能让积极的心态为我们效劳。

本妮丝·汉森是爱姆威企业产品的王牌直销商，她就是个思维方式积极向上的人，跟她在一起你不可能不被她感染，她是这样运用自己的积极态度来改变人生的：

（1）"当我倾尽全力去发展一位经销商而未果时，我就想，这是他或她的损失，而不是我的，是他们的错，而不是我的。他们只是不愿意付出成功所需要的代价，就这么回事。"

（2）"如果得不到订单，我从来不会觉得那是我的失败，我认为是客户不懂，就这么回事，如果他或她明白的话，肯定会买的。"

（3）"大多数推销员感到不适应这一行，是因为他们的情绪总是被客户的反应左右。比如，当客户拒绝他们或出言不逊时，他们总是非常计较，当作个人恩怨。而我从不因为被拒绝而苦恼。要是我向客户介绍了我的产品而客户无动于衷，那么我总是想，至少我教了他一些知识，也不算白忙。如果我请他们了解了产品功能，我当时就会非常投入，并且像着了魔一样，痴心于介绍，那么即使我没有卖出去我也认为值得。当然不仅仅是营养食品，我也很乐意向他们推销我们其他的家用或保健产品。"

（4）"挫折并不可怕。如果你自暴自弃，那你注定失败，我们辛勤工作，因为要成功必须付出一定的代价，而我们愿意付出这一代价，也许这一行里最令人沮丧的事就是当你花费大量时间、精力去培养一位经销商时，最终却无功而返。但是，如果遇到这种事，深吸一口气，然后去做下一个人的工作。"

在工作中，推销员常常会产生一些不良心态，让我们试着分析并提出解决策略。

1. 畏惧心态及解决策略

一个刚刚入职的推销员在第一个礼拜用电话约访客户，那个星期他总能兴致高昂地打电话。但一周之后，他就越来越没有打电话的热情了，并且还在寻找理由少打电话。之所以出现这种现象，是因为他总是遭到客户的拒绝，结果他被客户的拒绝征服，甚至开始不愿意接电话，这就是销售初期最容易产生的一种畏惧心态。

其实，任何一名销售人员都会遇到被拒绝的情况，也会因此产生畏惧心理，这是很正常的事情。

想要调整畏惧心态可以在每次遭到客户拒绝后，立即把自己失落的感觉关联到别的因素而非销售行为上，并进行适当的"自我提示"。比如，可以在被拒绝后，暗示自己：这个人不是我的客户，我又节约了时间，赶紧寻找有需要的客户吧。

当然，仅仅靠自我暗示也不能持久，我们还要积极主动地去寻找帮助。比如，我们可以找一个销售搭档。一个人在商场上搏杀势单力薄，如果在商场中找到一个能够相互支持、相互建议、相互鼓励的人，你就能更有斗志地工作下去。

2. 自卑心态及解决策略

销售人员都会在客户面前表现出过于谦卑的态度。因为他们认为：如果我不对客户非常尊敬，如果我不每次都顺着客户的话来讲，如果我不跟客户谈他的兴趣爱好，客户就不会下订单。其实这是一种自卑的想法。

然而，这些都不是能够让客户下订单的最终原因，客户更希望销售人员能够给自己解决实际问题，一个能够帮助客户解决问题的销售人员都不是自卑的。

要让自己自信起来，我们要抱着替客户解决问题的心态向客户推销产品；当我们准备帮客户解决问题的时候，要提前做好充分的准备；当我们帮助客户解决完实际问题的时候，我们要细细品味其中的成就感。

3. 自满心态及解决策略

一些小有所成的销售人员，满足于得手的销售成果，有时他们甚至会说："哈哈，我今天碰到的客户真是笨，这么容易就得手了。"这种人最常见的结局就是经过一阵高峰后便开始走下坡路，最后则开始到处抱怨。

改变自满心态比较困难。因为如果一个人正处在困境，会很快发现自己的缺点，在内外压力下很容易下定决心主动改变。而自满心态则容易让人放松警惕，且缺乏改变的动力。

为了不让自己变得自满自足，可以给自己找个竞争对手，比如，找个销售前辈作为追逐的目标。在心中树起顾客是衣食父母的大旗，每次见客户前都挥舞一番。就算被拒绝，你也当作没有能帮到他而感到遗憾。最后每当做成了生意，记得要奖励一下自己，但第二天就要告诫自己，果园中还有更多果子等着你采摘。

我们在规避不良心态的同时，要不断培养自己的积极心态，那么，我们该怎样培养自己的积极心态呢？

1. 认真反思

先扪心自问：我是不是真的想干这行？如果答案是肯定的，请用积极的心态去过每一天，让自己开心，也让客户开心。

2. 明确目标以及酬劳

把自己的梦想写出来放在醒目的地方，让它不断地鼓励自己的信念，时刻提醒自己坚持就是胜利。

宝洁公司的一位王牌销售说，最开始他的梦想是拥有一辆奔驰。这并非是可望而不可即的理想。于是为了天天激励自己，他在床头以及办公室的电脑屏幕边贴上一张奔驰车的照片，用来激励自己。对着他的奔驰车照片，他每天将自己的目标细化出来，逐个来对付它们。当然，最后他没有买奔驰车，却在加拿大买了一套豪华的别墅。

3. 立即行动，接受改变

销售人员的特征就是：立即行动。一旦你想改变自己的心态，变成一个充满活力、激情和热情的销售人员，你就要像给客户赶写方案一样，立即行动起来。微笑、开朗、主动、诚恳、热情、积极、坚持……这些都是一个优秀销售人员身上必须具备的特质。

通过自己的努力，不断调整自己的心态，用积极的心态去面对各种客户，你就会发现客户会被你感染，会接受你的建议。

情商决定你的销售业绩

日本的经营之神松下幸之助是从销售人员做起的；台湾的王永庆、蔡万林也是从销售做起；比尔·盖茨大学二年级休学，创办微软公司之后，也是从销售做起，推销他的软件，跟客户签合同。70%的总经理都是销售出身。

高科技企业50%以上的总经理都是理工科专业背景，毕业后从技术转向销售，再转向销售管理，最终走向总经理的职位。IBM的创始人托马斯，就是一个很好的销售人员。

如何实现从失败销售人员到成功销售人员的蜕变？

这个问题存在于每一位销售人员的脑海中，但仍然有很多人找不到答案。很多销售人员业绩普通，整日奔波，还是不能跻身那些冠军销售员之列。差异带来的压力使得他们喘不过气。

成为优秀的销售人员是一件非常辛苦的事，要靠EQ和IQ结合起来"打拼"。

要成为优秀销售人员，靠的是智力，靠的是情商，靠的是信息，靠的是勤奋，靠的是方法，这些是走向成功的素质。

也许你并不是这些优势的组合天才，但同样可以获得成功，照样能有出色的业绩，只要你还有一颗执着、不服输的心。

俗话说得好："三十年河东，三十年河西。"要知道，只要永不放弃，这个世界上没有办不到的事。

因此，铲除自己的自卑感，努力提炼自己的情商，发挥出自己的优势，挖掘出自己的潜能，自己完全能够成为一名驾轻就熟、本领超群的冠军销售人员！你可以自信地宣告："我不怕差异，不怕落后，因为我可以奋斗！"

高情商帮你做出更好的决策

拥有良好的情感智力的人，能够同时运用个人内心技能和人际关系技能。人际关系技能是理解他人及与他人合作共事的能力，它建立在真诚地愿意了解他人的兴趣的基础上。个人内心技能是一种内在审视的能力，它培育自知之明，并把自知作为有效行动的基础。这两种技能是相辅相成、缺一不可的，因为认识自己的心理状态是认识他人情感变化的前提和关键，而能够自我克制是保持良好人际关系能力的基础。因此，情感智力指的是一个人认识自己以及他人的情感，并在这些情感信息的基础上，做出卓有成效的决策的能力。下面的例子可以很好地说明问题：

米兰达经营和管理着自己的公司，她所从事的培训事业颇为成功。她是一位母亲，有两个十来岁的孩子。有的时候，发生在生活中不同舞台上的这些需求会撞车。当出现需求冲突时，她就与自己的丈夫、孩子或她的同事、雇员及顾客坐下来进行商洽，以便合理地解决出现的问题。在大多数时间里，她都能够得到对方的认同，获得双赢的结果。但有的时候，要想各方都满意就不太可能，在这样的情况下，她总是平静地接受自己面对的现实，同时，尽自己所能把人际关系保持在最好的状态中。她的同事都非常尊重她，因为所有的人都体验过她的慷慨和关怀。她拥有一个积极的、与她的所有同事密切平衡的情感银行，她的公司里充满着融洽快乐的氛围。公司经常会举行一些活动，招待公司的员工、顾客和关系户，这些活动有助于培养他们对公司的忠诚。顾客对公司的培训给予了很高的评价，当然，也就为公司带来了可观的收益。获取这些成果的部分原因，是因为米兰达和她的同事真诚地希望建立起稳固的人际关系，理想的人际关系总是强烈地激励他们。

但是，她的事业并非一直这么一帆风顺。在公司初创阶段，米兰达的事业濒临破产。当时公司举步维艰，但是她具有坚持不懈地采取富有成效的行动的能力。她所拥有的广泛的人际关系网络，为她提供了一个可以为她提供资金支持的人，这个人一直支持她，直到她的公司渡过当时的难关为止。她还在征求了管理专家的意见以后，任命了一个经验丰富的经理帮助她安排强有力的财务控制。她的企业逐步走上了有序发展的道路。在这段时间，她也曾产生过自己承受的压力太大，以至坚持不下去的感觉，但是这种感觉是短暂的，她天生固有的乐观主义精神支撑着她，使她很快战胜了消极的情绪。

具体地说，米兰达身上所表现出来的情感智力方面的主要技能以及对我们的启示包括：

1. 自我意识

拥有它，你就能理解自己的情感，并在它们发生时，认识到这一点。你的情绪反应把你引导进不同的情景中，当你充分认识到自己的局限性时，就能最大限度地发挥出自己的能量。

2. 自信

自信建立在对自己的局限性的现实认知的基础上。自信的人知道：什么时候应该信任自己的决定，以及什么时候应该顺从他人的意见和观点。为了发挥出自己的最大能量，自信的人敢于持续地去面对新的挑战，因为这些挑战可以不断拓展个人的潜力。

3. 自我调节

这种能力能够促使你始终把注意的焦点集中在自己的目标上，在目标完全实现以前，不会因进步过于细微而裹足不前；它还能使你迅速地从挫折中恢复过来，重新看清自己的终极目标。为了更好地实现目标，必须排除破坏性情绪的回应。你将通过持续地与自己最重要的渴望保持联系，而不断地激励自己。

4. 激励

这种能力能够促使你去关注他人的需要、偏好、价值观、目标和个人实力，并以此激励他们。

5. 移情作用

通过移情作用，你就能与他人的需要、价值观、希望及观点相契合，你可以积极地把自己置身于对方的位置上而感知对方的感情和思维。

6. 社交敏感性

快速而又良好地解读当下的情景，无论是口语的还是非口语的，它能够让你了解和适应与你有良好的人际关系的人的意图。你在团体交往活动中的敏感性，使你能够确认团体中谁是最有势力的人，并与他人的文化类型保持一致。

7. 说服力

拥有良好情感智力的人擅长解读他人的意图和希望，并创造出双方都满意的结果。他们具有不断开发双赢思维的习惯，努力寻求使个人目标与他人目标保持协调的途径。

8. 冲突管理

具有这种能力，你就能够在冲突发生以前预防它，并把注意的焦点转移到更富有成效的行动过程上。如果冲突不断升级，你可以通过聚焦冲突双方的意图来解决它，因为冲突双方都是出于关心自己最大利益的意图。

研究表明，仅看智商，基本不能说明人们在工作中能否有所成就或生活是否幸福。如果说智商高低与人们事业成功与否有多大联系的话，智商高低所起的作用，最高估计也不过25%左右。有一份较谨慎的分析报告认为，更准确的数字是不超过10%，大概为4%。

当然，在个别强调认知能力的学科中，也会有情感智商似乎影响不大的现象。出现这种矛盾，是因为这些学科的入门要求极高。进入专业技术领域工作的智商门槛通常为110到120，跨过了高智商这个拦路虎，结果是进去的每个人都是佼佼者，在承担相对独立的专业技术工作中，情商也就没什么竞争可言了。

对情商的分类评估

下面的每一道题里，都有三个备选答案：A、B或C，在每道题的三个答案里面，有一个代表的是情感表现最聪明的反应方式，另外一个代表的是最糟糕的反应，第三个描述的则是前两种反应的折中水平。

有的时候，你会觉得在三个选项里面，自己有两个答案都可以选。如果是这样，请尽量选择能反映你最真实、最具深度一面的那一项。在每一道题目提供的背景下，选择在该情景中最接近你个人做法或者你曾经这样做过的一项，并在相应的答案上画圈。

（1）有人对你所说的表示质疑，你如何反应？

A. 你会说："我就知道你会这么反应。"

B. 询问对方："我的观点存在哪些问题？"

C. 你会说："我有其他的想法，但是我想先听听其他人的意见。"

这道题要评价的是自我调节中的"保持开放的心态"。选项C代表的是情感表现最聪明的反应，因为这种质疑、挑战，对方并不是针对个人有意发出的，而是从旁观者的角度寻求展开一场讨论；同时，这也表明，回答者对此有其他不同的观点。相反，选项A由于对发出质疑者表现出了一种攻击性，可能引起双方"互相谩骂"，而不是彼此有序地互换观点，因此是情感表现最愚笨的反应方式。

（2）你急需一份报告书。你如何对这份报告的起草人表达你的意思？

A. "我要你在今天把报告递交给我。"

B. "我们今天需要用到那份报告。"

C. "今天要用到那份报告。"

这个问题评价的是自我调节中的"武断、过分自信"。首选答案是A，因为它表示了个人亲自解决这个问题的意愿，而不是躲在"我们"后面，掩饰了个人的意思；或者如答案C那样，以一种与己无关的语气要求对方。就答案B来说，至少"我们"这个词的使用表明了一些个人关联以及责任分担的存在。因此B和C都不是最佳的答案。

（3）你给一个朋友看你的一些假期的照片，他（她）称赞你在照片中拍得很漂亮。对此，你会如何反应？

A. 你会说："你肯定是在开玩笑，我太胖了，最少还需要瘦几斤，看看下巴就知道了。"

B. 你会说："谢谢，我整个假期都觉得非常好，感觉过得很开心。"

C. 你会说："是的，照片拍得还凑合，而且刚好当时天气也不错。"

这个问题评价的是自我觉察中的"不要总是自我抱怨"。选择答案A，是最不自信的表现。答案C带了一点自我贬低的味道，但是比A要好一些。在本题中，答案B显示了个体健康、自尊良好。

（4）你离开办公室，和几个同事在一起。在休息期间，你打电话到办公室想看看自己是否有一些信息或者留言。在通话过程中你会做些什么？

A. 如果有信息的话，看看都是些什么信息，并且询问某人正在办公室干什么。

B. 如果有信息的话，看看都是些什么信息，并且顺便带你的同事们看看他们是否也有一些信息。

C. 如果有信息的话，看看都是些什么信息。

这个问题评价的是同理心中的"以自我为中心"。以自我为中心的人只对自己的利益感兴趣。任何回答C的人都能为自己找到合理的解释，但是他们并没有考虑到和自己在一起的那些人的利益。与身边的同事、朋友互相帮助、互惠互利，并且做到"己所不欲，勿施于人"，这样我们的社交生活才能得以拓展、延续。因此相比较而言，三种答案中B是情感表现最聪明的回答。

（5）你所在的小组，赶着在最后期限内完成一项重要的任务。但是，有一个同事总是在胡闹，让你注意力无法集中。对此，你会如何反应？

A. 通过命令对方"闭嘴，表现得成熟点"表明你对他的行为已经忍无可忍。

B. 建议小组进行工作进展的核查，制订出各种计划，按期完成任务。

C. 忽视同事的不良行为，尽量把注意力集中在当前的任务上，并提醒小组成员限期将至，应加紧努力。

这个问题评价的是动机中的"努力达到高标准要求"。答案A意味着以自我为中心，由于工作没有取得进展，而把责任推到某一个人身上，则有可能疏远小组其他成员。答案C比A要好，因为它表明，你希望能够按期完成任务，但是这样做也还是在不停催促大家干活而已，可能效果并不好。所以，答案B是情感表现最聪明的回答，这种做法努力寻求事情的进展，把小组全体成员（包括制造事端的那个同事）的努力都集中于应付当前手中的任务。

（6）有一个生气的顾客因为产品出了问题，打电话给你，希望得到你满意的答复。对此，你会如何反应？

A. 与顾客争论产品的问题所在，并询问问题产生的原因。认为如果产品的质量的确是那么糟糕的话，为什么公司没有收到其他顾客的投诉与抱怨呢？

B. 向顾客指出，如果产品有问题的话，通常都是由于使用或者储存方法不当引起的。不过，公司允许给顾客退款或者换一件新的产品。

C. 向顾客说明，你会给他（她）重新换一件产品或者办理退款。不过，希望顾客做出解释，产品是在什么样的情况下出现了问题。

这个问题评价了社会技能中的"良好沟通能力"，尤其是在顾客服务这一情商水平备受重视的领域。因此，大家应该很容易明白，为什么答案A是情感表现最不聪明的反应，而答案C最能让人接受。

（7）你意识到自己做了一个错误的决定，将给其他人带来不利的影响。对此，你会如何反应？

A. 努力想各种办法，尽量减少自己造成的损失。

B. 对事件保持沉默，与此同时为自己寻找替罪羊。

C.向事件的相关人员表示歉意，并提出一些弥补损失的建议。

这个问题评价的是社会技能中"与他人和谐共事"的能力。把情商用在工作中，如果你把事情弄糟了，你最好为此承担责任，并且积极寻求各种各样的解决办法，弥补自己已造成的损失（答案C），而不是设法把责任推到你的同事身上，自己却逃之夭夭（答案B）。当然，如果选择自己一个人孤军作战，努力降低损失（答案A），结果可能只会把事情弄得更糟糕，而不是更好，无益于事情的解决。

CHAPTER 2

看透自我：了解自己的优势和劣势

　　作为一个销售人，如果不能正确地认识自己，就很难在职场中找准自己的位置。只有正确地认识自我，才能正确地评价自我。当你对自己有了一个全新的认识之后，还要与其他竞争者的条件做一个比较，发现自己的长处与短处，这样，才会在生活中和工作中找准自己的位置。正如尼采所说的："聪明的人只要能认识自己，便什么也不会失去。"

为自己的职业而感到自豪

世界知名销售专家乔·吉拉德曾经说过："每一个销售员都应以自己的职业为荣，因为销售员推动了整个世界。如果我们不把货物从货架上和仓库里面运出来，整个社会体系的钟就要停摆了。"

一些销售员在平时谈笑风生，但到了真正与客户面对面的时候不是语无伦次，就是坐立不安，这是什么原因呢？因为他们把销售看成是一种卑微的职业、求人的工作，他们并不是从心里热爱这份工作。像这样的销售员是永远也不会取得成功的。既然你选择了销售工作，就一定要坚持下去。因为，所有的工作都会有问题，明天不会比今天好多少。而且，频频跳槽，情况会变得更糟。如果你热爱并坚守下去，情况就不同了。一项工作，你对它投入越多，它给你的回报就会越多。

销售并不是一定要靠低声下气、卑微求人才能成功的职业。这之中也没有逢迎谄媚，以及贿赂和私下交易的事情，千万不要认为一名销售员必须要向别人鞠躬作揖才能完成一笔生意，如果有了这样的想法，那就大错特错了，那是因为没有把握住销售员应该具有的良好的心态。

身为一名销售员应该以销售工作为荣，因为它是一份值得别人尊敬以及会使人有成就感的职业，如果有方法能使失业率降到最低，销售就是其中最必要的条件。要知道，一名普通的销售员的正常工作可以为30名工厂的员工提供稳定的工作机会。这样的工作，怎么能说不是重要的呢？

有的时候，当整个交易看起来似乎大势已去时，平庸的销售员常为了不想一事无成地失望回家而干脆降格以求，他或许会向客户请求说："请你帮我这个忙吧，我必须养家糊口，而且我的工作成绩远远落后于别人，如果我拿不到这个订单，我真的不知道该如何面对我的老板了。"这个方式不但对销售员本身有害，它对销售这个行业也会产生致命伤。当一名销售员提出那样的要求时，只能导致客户看不起他，这种厌恶情绪甚至会波及其他销售员。

每一个销售员都应该明白，销售与其他行业一样，只是具体工作内容不同。销售员不是把产品或服务强加给别人，而是帮助客户解决问题。你是专家，是顾问，你与客户是平等的，因为你更懂得如何来帮助他，所以没必要在客户面前低三下四。你看得起自己，客户才会信赖你。

销售行业最忌讳的就是在客户面前卑躬屈膝，如果你连自己都看不起，别人又怎能看得起你？表现得过于谦卑并不会博得客户的好感，反而会让客户大失所望——你对自己都没有信心，别人又怎么可能对你推销的产品有信心呢？

比如，一名销售员向一位公司的总经理推销电脑时，言行显得过于谦卑，这让总经理十分反感。总经理看了看电脑，觉得质量不错，但最终并未购买。总经理说："你用不着这样谦卑，你推销的是你的产品，你这种样子，谁愿意买你的东西呢？"

由此可见，在客户面前低三下四地推销，不但会使产品贬值，也会使企业的声誉和自己的人格贬值。销售员不要把自己看得低下，你应该以推销工作为荣。只有树立了这样的信念，你才能为销售工作付出所有的努力，最后成为一名顶尖的销售高手。

对正确的想法一定要保持自信

信心对销售员来说举足轻重。国际推销明星戴维博士说："Confidence（信心）包括信赖、忠实和信任。当你面对一位客户，在情绪上想要与他建立一种神秘的交情时，信心正是一种不可思议的力量。"

成绩不佳的销售员共同的缺点是缺乏自信和魄力。没有自信，就没有魄力；没有魄力，则生意冷清；生意做不成，则更加不自信。日子就在这种恶性循环中一天一天地过去。

想成为销售大师，必须鼓起勇气自信起来。从另一方面来说，客户绝不会从没有自信的销售员那里购买任何东西，这样的销售员令人讨厌，会使客户觉得是在浪费自己的时间。

一家大杂志的广告经理说："销售是一种你不会在朋友面前那样表现的行为。"当你销售一件产品的时候，你要对方买下来，你要对方把你看成一个诚实的、真挚的人。常常，当我们说到"销售员"的时候，跟他们之间就不自觉地产生一道无形的鸿沟。这时候作为一个优秀的销售员你必须使别人相信，你有一种特殊的东西，正是他所需要的。

要记住，信心是很重要的因素。在销售奢侈物品——艺术品、貂皮、珠宝时，信心所占的比例更是其他方面所不能比的。具有三十多年销售经验的珠宝商古斯洛说："不论对方所付的是一块钱或十万块钱，他要的都是确实有那个价值的东西。珠宝商必须信用可靠，所卖的东西必须货真价实。现在尤其如此，我们的客户最主要考虑的因素是价格。在过去，购买珠宝是一项比较罗曼蒂克的消费行为，但你必须使对方相信，你告诉他们的是实话。"

因此，销售时保持自信的秘诀就是：自我警觉，说话流利，适当地友善，每一根毛发都要各就各位。但这些还不够，在保持自信的同时，你还必须要认清一个事实，那就是：有时候你要以一种方式跟男客户打交道，而同女客户打交道又是另一种方式。与此同时，要注意，两种方式过分不同也不行，许多有经验的销售员，仍然使用因性别而不同的方式。"对付女客户，必须较为拐弯抹角"，古斯洛说，"我通常总是夸奖她们一番。但我只以事实夸奖她们。每一个女人，都知道她们早上起来是什么模样，因此如果我的说法与此不同，她就知道我在胡扯。对付男客户，最好的方式是直截了当。他会接受这种方式，因为他比较习惯于这种做生意的方法。"

为此，销售员应该切记：对你的前途充满自信，满腔热情地从事销售工作，克服恐惧心理，不怕遭拒绝。

销售员该怎样使自己充满信心呢？

日本著名销售员原一平是这样做的：在青年时代，原一平经常是囊空如洗。他不得不告诉自己中饭只好暂时取消。经过餐厅时，他就故作快活，挺胸阔步地走过。那时候的他向几乎要挫败的自己大声斥责、激励："原一平啊，切莫泄气，拿出更大的勇气来吧！提起更大的精神来吧！宇宙之宏大，只有你一个原一平啊！"他就是通过这种方式唤醒自己的自信心，给自己打气的。

如果你也将丧失斗志，不妨如此呼喊自己的名字。当你如此呼喊，一定会从丹田涌起前所未有的勇气，驱散内心的恐惧。

提高亲和力，让人喜欢你

人是自己的一面镜子，你越是喜欢自己，你也就越喜欢别人。而你越喜欢别人，别人也越喜欢你，你也就越容易与对方建立起良好的友谊基础。我们都有这种体会，一个被我们所接受、喜欢或依赖的人，通常对我们的影响力和说服力也较大。所以，推销员能够做到让客户喜欢，那么，客户也就很容易接受你的建议。而人的购买动机的产生，并不全是因为你的产品，对你个人的看法，也会影响客户的购买动机，人们不会向自己所讨厌的人买东西，常常自然而然地愿意购买自己欣赏的人销售的产品。

亲和力是人与人之间建立信任和友谊的基础，也是影响和说服别人的最基本条件。对于推销员来说，它也是促使人们舒心购物的必不可少的条件。它使顾客基于信任减少了对推销员的怀疑。如果把推销员和顾客的交流比作两个齿轮互相磨合，那么亲和力就是齿轮间的润滑油，它能使整个销售在亲切友好的过程中进行。所以，学习如何在销售中充分地表现出自己的亲和力，是一个优秀的销售人员所不可或缺的能力。

成功的推销员都具有非凡的亲和力，他们能够在不经意间使用这种力量，与任何人、在任何时候建立起亲切的关系。他们能与医院走廊的看门人建立起这种关系，也能走过通往总裁办公室的红地毯，与总裁建立起亲切的关系。他们会利用亲和力让任何人放松下来，博得对方的信赖，让客户喜欢他们、接受他们。当你真正与客户有亲切感时，你就能了解他们的看法（你并不一定要同意），与他们融洽地沟通。亲和力能让你从你的世界进入到买方的世界，这样，客户就愿意跟着你走。

那么，作为推销人员应该怎样练就自己的亲和力呢？

首先，要坚持以下几个原则：

（1）时刻记住人情味是拉近关系的关键。

（2）找出你和客户之间的共同兴趣和联系。

（3）做一个细心的观察者，观察客户的说话方式、姿势、手势、眼神和话语暗示。

（4）练习和模仿你的朋友和家人有亲和力的地方。

（5）联系时注意地区和文化的差异。

（6）练习多种沟通方式（语言或非语言的），尽量与顾客性格合拍。

（7）务必练习让你变得讨人喜欢的所有特质——无私、乐观、谦逊、温和和幽默。

（8）尽量使客户发笑，创造轻松的谈话氛围。

接下来，我们提供一套增强亲和力的练习方法。

1. 深刻地认识自我

人贵有自知之明。一个人只有深刻地了解自我，才有了解他人的基础。所以，在了解客户之前，先深刻地认识一下自己，这才是真正具备良好的人际亲和力的基石。

每个人在成长的过程中，都曾或多或少有过一些创伤和问题，可能你在童年时代感觉到过自卑、自傲，或者是以自我为中心，再或者曾经遭受到各种各样的心灵上的创伤，而这些问题的存在，都会影响到成年之后与人交际的能力。深刻地认识自己和了解自己，摈弃童年时期的阴影，自我反省，重新开始。

2. 加强交流实践

在深入了解自己的基础之上，进行人际交流的实践是加强人际亲和力的重要过程。在与人交际的实践中，别人作为一面镜了，能够折射出自己的某　面，从别人的身上，可以看到自己心灵中某些自己看不到的侧面。在与他人的交流和实践中，可以不断强化自己的实战能力，随时修正自己。

有一些人可能由于种种原因缺乏与他人沟通的环境，显得木讷寡言，并且容易紧张害羞。而想要在销售行业工作，就要加强语言方面的练习，这样，他们和人交往的能力在实践中就无形地增强了。所以实践是增强人际亲和力的必修课程。

3. 学会包容和理解

每个人都有自己独特的看法，这些观点在和其他人交往的时候，都会影响到对他人的评价。当你是从自己的世界观、人生观和价值观出发去评价他人时，就没办法去深入理解他人的内心深处的感受。所以在洞察自我的基础上，在人际交往的实践中，销售人员要不断地放下自己固有的价值观的标准，耐心地倾听来自他人内心深处的声音，这样就能看到与自己不同的内心世界。坚持这样做，销售人员就能够增强人际亲和力。

4. 防止烦躁情绪的干扰和破坏

当人们处在高度的压力下，很容易产生焦虑的情绪，许多内在的情感需求得不到满足，就会不断地从潜意识中浮现出来，导致自己烦躁不安，这时，人们可能会不由自主地发脾气，会因为一些鸡毛蒜皮的小事而生气，而这些不良情绪会给自己人际关系增添许多麻烦，导致人际亲和力下降。

通过以上各方面的练习，销售人员一定能够赢得更多客户的信赖，取得更好的销售业绩。

你的形象能给你带来 80% 的机会

有人曾向日本推销大师原一平先生请教："您认为访问客户之前，最重要的准备工作是什么呢？"

"在访问准客户之前，最重要的工作是照镜子。"

"照镜子？"

"是的，你面对镜子就要像你面对自己的客户一样。在镜子的反映中，你会发现自己的表情与姿势；而从客户的反应中，你也会发现自己的表情与姿势。"

"我从未听过这种观念，愿闻其详。"

"我把它称为'镜子原理'。当你站在镜子前面，镜子会把映现的形象全部还原给你；当你站在你的客户前面时，客户也会把映现的形象全部还给你。当你的内心希望对面的客户有某种反应的时候，你要把这种希望反映在如同镜子的客户身上，然后促使这一希望回到你本身。为了达到这一目标，你必须把自己磨炼得无懈可击。"

去和客户见面，我们每个销售人员都想给客户留下一个好印象，而销售员的服饰、整洁状况和面部表情在很大程度上关系到客户对你的看法。自我形象越好，就越能显示出销售员的自信心，也越能让客户对你产生好感。

一些销售员常抱怨说，天天都在外面跑，哪有时间换干净的衣服，连和女朋友约会都要灰头土脸地去。销售的确是一个很艰苦的工作。尽管如此，一个勤奋的销售员也应该知道，外表是他的第一张牌。

为此，销售员就更该把自己打扮得干净整洁，让自己显得精神抖擞，这样，根据"镜子原理"，客户才会对你留下好印象，才会信任你。

原一平曾强调说，推销员要注重自己的仪表，尽量让自己容光焕发精神抖擞，尤其要给客户留下良好的第一印象，千万不要为了追求时尚而穿着奇装异服，那样只能让你的推销走向失败。只有穿戴整洁或者穿与你职业相称的服饰，才能给客户留下好的印象。

根据自己50年的推销经验，原一平总结出了"整理外表的九个原则"和"整理服饰的八个要领"。

1. 整理外表的九个原则

（1）外表决定了别人对你的第一印象。

（2）外表就是你的魅力表征。

（3）外表会显现出你的个性。

（4）对方常依你的外表决定是否与你交往。

（5）整理外表的目的就是让对方看出你是哪一类型的人。

（6）好好整理你的外表，会让你的优点更突出。

（7）站姿、走姿、坐姿是否正确，决定你让人看来顺不顺眼。不论何种姿势，基本要领是脊椎挺直。

（8）小腹往后收，看起来会有精神。

（9）走路时，脚尖要伸直，不可以往上翘。

2. 整理服饰的八个要领

（1）你的服装必须与时间、地点等因素符合，风格要自然大方。另外，服装选择还要与你的身材、肤色相搭配。

（2）要让你的身材与服装的质料、色泽保持均衡状态。

（3）着装不要穿得太年轻，否则容易招致对方的怀疑与轻视。

（4）与你年龄相近的稳健型人物，他们的服装可作为你学习的标准。

（5）最好不要穿流行服装。

（6）如果　定要赶流行，也只能选择较朴实无华的。

（7）太宽或太紧的服装均不宜，大小应合身。

（8）不要让服装遮掩了你的优秀素养。

此外，原一平还告诫我们，除了外表与服装，一些不良习惯也会严重影响你的形象，比如有的人喜欢咬嘴唇、晃双腿、摇肩膀、弹手指等，这些不雅的动作会让初次相见的人对你感到厌恶。

所以，如果销售人员有这样的坏习惯，必须马上改掉，否则，它们会成为阻碍你成功的绊脚石。面对客户，如果你不具备这种强烈的吸引人、感化人的魅力，要想说服他是不可能的。

总之，在任何时候，销售人员都应牢记原一平的这句话：良好的形象是你重要的一张名片，失去它，你就有可能失去即将抓住的机遇。

挖掘优势，锻炼价值百万的笑容

在原一平刚刚进入推销界时，自身没有什么气质可言，也没有钱买好的衣服，可以说在形象上一点优势都没有。所以，他在做保险的最初9个月，推销并不顺利，那个时候他总把失败归咎于自己矮小的身材。

但是，有一天，一个和他身材差不多的人改变了原一平对自己的看法，这个人是原一平在明治保险公司的同事高木先生。高木先生曾经留过洋，在美国专攻过推销，他的身材比原一平略高一点儿，他也长得瘦瘦弱弱的，外表同样没有吸引人的地方。

他对原一平说："个子高大、相貌堂堂固然容易给人留下好的印象，推销会变得相对容易一些。个子矮小往往不受人重视，即使和高个子一样努力，在起跑时就已经被他们甩下了一截。但个子矮小是与生俱来的，是无法改变的，所以，个子矮小的人就必须在别的方面想办法，用自己的长处来弥补短处，而笑容就是关键。向客户展现你的笑容，用笑容来消除客户对你的戒心，你会成功地迈出自己的第一步。"

说着话，他的脸上立即浮现了笑容，原一平记得高木笑的时候，好像浑身都洋溢着笑意，笑得那样纯真感人，这让原一平茅塞顿开。

从此之后，原一平苦练笑容，吃饭、走路，甚至睡觉也在练习。

为了能够使自己的微笑让别人看起来是自然的、发自内心的真诚笑容，原一平曾经专门为此训练过。他假设处于各种场合，自己面对着镜子，练习各种微笑时应有的面部表情。因为笑必须从全身出发，才会产生强大的感染力，所以他还找了一个能照出全身的大镜子，每天利用空闲时间，不分昼夜地练习。

经过一段时间的练习，原一平发现嘴唇的闭、合，眉毛的上扬与下垂，皱纹的伸与缩，这些不同动作的"笑"都能表达出不同的含意，甚至于双手的起落与两腿的进退，都会影响"笑"的效果。

最后他总结出了三十多种"笑"：

感到开心时爽朗的笑；感动而压住声音的笑；喜极而泣的笑；逗人转怒为喜的笑；感到寂寞或哀伤的笑；抑制辛酸的笑；解除对方心理压力的笑；岔开对方情绪的笑；使对方放心的笑；承认挨了一记耳光的笑；表示自信的笑；充满优越感的笑；愣住之后的笑；言归于好时的笑；与对方意见一致时的笑；使对方兴致顿增的笑；吃惊之后的笑；感到意外之后的笑；瞧不起对方的笑；感到无聊时的笑；折磨对方的笑；挑战的笑；大方的笑；开朗的笑；含蓄的笑；夸张谈话内容的笑；硬逼对方的笑；抑郁的笑；含有下流意味的笑；故作迷糊的笑；愕然一惊的笑；尖锐的笑；与对方同喜的笑；冷淡的笑；微笑；嗤之以鼻的笑；意外地感到满足时的笑。

通过对笑的总结，原一平找到了笑的秘密，并开始针对不同的客户，学习展现不同的笑容。经过多次的实践，他发现所有的笑容中，最美的笑容是婴儿般的笑容。它是以鼻梁为中心线，左右脸的表情相同而展示出的美丽笑容，这种笑容就像婴儿般天真无邪，散发出诱人的魅力，令人如沐春风。这种笑容是让人无法抗拒的，因为它是从内心最深处散发出的真诚。

于是，原一平日复一日地对着镜子苦练婴儿般的笑容。功夫不负有心人，他终于成功练就了与婴儿相差无几的笑容，同时总结出了笑容的十大功效：

（1）把爱传达给对方。

（2）使对方快乐，笑容越真诚，对方就越快乐。

（3）除去两个有误会的人心中的芥蒂。

（4）建立信赖感。

（5）使工作顺利进行。

（6）打破尴尬气氛。

（7）洞察对方的心理状态。

（8）吸引他人。

（9）建立自信。

（10）使人青春、健康。

从此，原一平总是保持以微笑面对客户，也正是因为他的笑容，让他征服了一些古怪的客户。

有一次，原一平去拜访一位客户，在拜访客户前，他了解到这个人性格内向，脾气古怪。见面后，原一平果真发现这个客户是个很怪的人，有时他们正谈得非常高兴，客户却突然间烦躁起来。但是，原一平没有随着客户烦躁而有所动，他静观其变，想着对策。他们的那次交流是这样的：

"你好，我是原一平，明治保险公司的业务员。"

"哦，对不起，我不需要投保。我向来讨厌保险。"

"能告诉我为什么吗？"原一平微笑着说。

"讨厌是不需要理由的！"这位客户忽然提高了声音，显得有些不耐烦。

"听朋友说你在这个行业做得很成功，真羡慕你，如果我能在我的行业也能做得像你一样好，那真是一件很棒的事。"原一平依旧面带笑容地望着他。

这名客户听到原一平这么一说，态度稍微有些好转，说道："我一向是讨厌保险推销员的，可是你的笑容让我不忍拒绝与你交谈。好吧，你就说说你的保险吧。"

原一平听到这句话，敏锐地了解到对方并不是真的讨厌保险，而是不喜欢推销员。看到问题的实质后。原一平在接下来的交谈中，始终都保持微笑。这名客户在不知不觉中也受到了感染，和原一平热情地攀谈起来了。在谈到他们都感兴趣的话题时，他们会兴奋地大笑起来。最后，这名客户愉快地在保险单上签上了他的大名并与原一平握手道别。

用微笑能创造销售奇迹。有人说"原一平的微笑价值百万"，其实，每一名销售人员只要能够以充满自信而真诚的胸怀，用婴儿般的微笑面对自己的客户，也一定能够用自己的微笑来征服客户，创造人生的财富。

不善言谈的人也能做好销售

常常看到有些销售员说自己性格内向不善言谈，不是一块做销售的料。其实并不是这样。健谈的人的确在开拓销售业绩方面有独到的优势，但是寡言少语并非愚不可及，况且有很多客户还偏偏喜欢说话简单明了的人。

现代商业往来往往业务繁忙，让人应接不暇，所以一个推销员在谈生意时，应该充分抓住"效率"这两个字来谈。如果他悠闲地坐在沙发上，不急不忙，东拉西扯地跟客户闲话家常，而对涉及业务关键问题的内容却总是不提到谈话主题上来，那么毫无疑问，这样的推销员虽然"很能说"，但说的东西却无助于促成销售，这样的能说，不是真正的能说，而是"乱说"。

在一家大公司的门口，写着这几个字："要简捷！所有的一切都要简捷！"这张布告明示着两层意义：一是提醒人办事要快捷；二是说明长话短说是很必要的，因为赘言长谈的习惯已经不适用于今日了。

认识到言简意赅的重要性，那么不善言谈的推销员就应该自信起来，自己虽然不爱说话，但也有不爱说话的好处，不妨有意地注意训练，让自己在见客户的时候能够集中思想，处事有条不紊，抓住重点说话，谈吐简洁明了，这样才能大大提高工作效率，有助于尽快取得销售成功。

当然，性格内向不善言谈的推销员见到客户后，往往比爱说话的人更拘谨，为了防止自己简洁的话语不至于说出来吞吞吐吐，不妨事先做一个言谈脚本。在充分的准备下，才能增强自己的自信心，说起话来也就更自如了，并且制作脚本也能够让自己准备得更周全，让客户更满意自己的服务。

奥里森·马登就是使用如下的方法，通过制作出的脚本，变得让客户喜欢与他进行对话：

首先，读最近的商品目录。由于专业术语很多，客户要完全理解很困难，于是他事先将商品目录的详细资料下功夫记了下来。

做完这一步，接下来就可以把商品目录中难以理解的内容从客户的角度出发进行解释，让客户产生"您这样一讲解，我就容易明白啦"的感觉。这样一来，认真听你讲解的客户会变得越来越多，而且他们往往会纷纷表示"非常明白""原来是那样的"，等等。

如果客户夸奖的言辞都是关于商品说明的话题，比如"这个部位的性能不错呀""这里很容易操作呀"等，那么你就完成了在客户面前所要讲的内容的脚本演示。

制作出了脚本，不善言谈的推销员就会变成能令客户喜爱的谈话高手。最终你也就能自然而然地进入角色，让客户喜欢你了。此时，他又有什么理由拒绝你说出的话呢？所以，制作脚本对不善言谈的推销员很重要。

不善言谈的推销员也可以依靠实际行动，给人留下值得信赖的好印象。在现代社会里，人们羡慕能言善辩的人，但更赞赏和崇拜实干家。所以，口才不好但多干实事更得人心。比如多帮助客户解决一些实际问题，多问候客户，能够站在客户的角度考虑问题等，都能深得客户之心。

不善言谈的推销员还可以利用以柔克刚的方法赢得客户的欣赏。美国著名政治家富兰克林深知自己缺乏能言善辩的口才，为了克服这一缺点，不得不用"态度上的柔术"来补救。

他时常把一切意见都用十分谦逊的口吻表达出来，从不说一句易于引起别人反感的武断话。他对他人的意见总是予以相当的尊重，即使觉得有不妥的地方，也用十分温和的间接方法指出来。

当然，一定的沉默寡言也可以赢得客户的尊重，但这不等于呆若木鸡，一言不发。你可以时不时地微笑着提出适当的问题，向人点点头或偶尔投去友好的一瞥，这样就会让对方觉得你尊重他的意见，从而更能吸引对方。

任何一个成功的推销员都拥有美好的品德，他们以德取信于人，赢得更多客户的信任，也为自己赚得了更多的订单。

不善言谈的推销员更应该拥有美好的品德，它具有的强大影响力，往往是唇枪舌剑者所不能匹敌的。

此外，那些常常言行不一的人，他的演讲的水平越高，人们越对他表示反感。实际上，人们在交际过程中，往往总是对对方"听其言，观其行，察其德"的。口才不好的人可以弃其"言"而养其"德"，以德取信于人。平时交往要豁达大度，胸怀宽阔，要有容人之量，切莫斤斤计较，得理不让人。这样即使无"舌战群儒"的雄辩之才，也同样能打动人心。

总之，推销员不善言谈也不一定就做不好销售，只要在平时注意训练，用自己的其他优势弥补自己这一缺陷，同样能够获得很好的业绩。

积极的品格带来强大的感召力

也许你会用最漂亮、最新款式的衣服来把自己装扮得非常时髦，并会刻意地表现出最吸引人的一面；也许你会做出一个非常虚伪的笑容，来掩饰你内心真正的感觉；也许你还可以模仿别人的样子表现出非常热忱的见面礼仪……但是，这一切都是外在的表现，只要你内心还存在着贪婪、妒忌、怨恨或自私的消极心理，就无法表现出真正的热忱，你的表现也会让客户感觉非常不舒服，并且，你也永远无法吸引任何人，反而会让人逃避你。即便真的有人被你吸引住了，要知道"物以类聚，人以群分"，那个被你吸引过来的人也很可能是个拥有消极心理的人。

而拥有积极品格的人则会具有一种很大的吸引力和感召力，他能将那些志同道合者或者渴望积极向上的人吸引过来，将那些意气消沉的人感召过来。虽然这种力量看不到摸不着，但它切切实实地存在于我们所有积极向上的人身上。这是一种独特的魅力，只要你一走近这种人，你就能感觉到这种发自其内心深处的吸引力。

这种真正迷人的积极品格应该具备以下7个要素：

（1）为你自己创造出一种独特的风格，让它适合你的外在条件和你所从事的工作。当然，可以根据客户的生活方式与购买习惯的多样化以及自己的条件，来建立一套适合自己独特风格的销售方式，这样才能创造"与众不同"的销售成果。比如，让自己的着装和语言风格统一，以便在整体上体现自己独特的气质。积极的气质会为你迎来客户。

（2）学习如何握手，使你能够经由这种寒暄方式表达出热忱。在推销活动中，推销员与客户见面和告别时都应当握手。握手时，应自然大方，五指齐用，稍微一握，时间以两三秒为宜。

在销售场合，当介绍人把不认识的双方介绍完毕后，若双方均是男子，某一方或双方均坐着，那么就应该站起来，趋前握手。通常被介绍者应该先主动伸出手来。握手时，必须正视对方的脸和眼睛，并面带微笑，在微笑中把推销员的温和友善表达出来。

一般来说，戴着手套行握手礼是不礼貌的，伸出左手与人相握也不符合礼仪。在交往中，无论是谁伸手都是友好的表示，推销员均不能拒绝。

在销售活动及其他社交场合，年轻者对年长者，身份低者对身份高者应稍稍欠身，握住对方的手，以示尊敬。男士与女士握手时，一般应只握一下女士的手指部分或轻轻接触。握手的先后顺序是：主人、年长者、身份高者先伸手；客人、年轻者、身份低者见面先问候，待对方伸手再握。若面对女士，除非十分不便，否则应主动伸出手来以示友好。

在跟某人握手时紧紧地握住对方的手说："我很荣幸能认识你。"这样就会让人感觉到你的热忱，让对方感觉很高兴，而那种畏畏缩缩的握手方式还不如不握，因为它只能让人感觉你是个情绪消沉的人。

（3）养成使你自己对别人产生兴趣的习惯，而且你要从他们身上找出美德，对他们加以赞扬。销售高手一般是善于观察的人，他们会抓住客户身上最耀眼、最闪光、最可爱而又最不易被大多数人察觉的优点大加赞扬。所以，要想养成发现别人优点和美德的习惯，就要注意多观察、多留心。对方的一言一行、穿着打扮、获得的成就、性格特征等都可以成为夸赞的对象，仔细观察，你就会发现他们身上的确有很多闪光点。

还要注意，你用这种方式与他人友好相处的好处并不在于这个习惯可能为你带来金钱或物质上的收获，而在于它能对养成这个习惯的人的品格产生美化的效果。你自己和蔼可亲，将会使其他人感到快乐，你也会得到快乐，而这种快乐是无法以其他任何一种方式获得的。

（4）把其他人吸引到你身边，但你首先要使自己"被吸引"到他们身边。要有这样的品格就需要有宽广的胸怀，能够欣赏对方的优点和好处，多向客户请教一些你不懂的问题，等等，这会让客户的自尊心得到满足，其心情自然非常好，对你也会表现出友好态度。

（5）培养说话能力，使你说的话有分量，有说服力。你可以把这种能力同时应用在日常谈话及公开演讲上。销售的核心是说服，说服力的强弱是衡量销售人员水平的标准之一。很多时候滔滔不绝不但不能说服客户，还有可能引起客户的反感，真正的说服需要技巧。那些真正具有说服力的销售人员并非都能口若悬河，只要掌握技巧，一个说话结巴的销售人员也能够具有超强的说服力。

要想成为具有说服力的一流销售人员，应该避免消极的语言，要给客户积极的影响。具有说服力与感染力的语言，首先必须是积极的。比较一下这两句话："胡总，您说的问题确实存在，但这对您的使用不会造成太大的影响。""胡总，我保证您今后几年都会因为购买了我们的产品而高兴的！易于操作、功率强劲一直都是这款机器的特点！"显然，后一句话更积极，更让人容易接受。

所以，不管面对的是怎样的客户，也不管所处的环境如何，如果有积极的词汇可以选择，那么就要避免消极词汇出现。

另外，销售人员的语言表达还应该准确、得体、热情、善于以褒代贬、委婉、文雅、有礼貌、简洁、中肯、客观。

（6）培养出一种积极的品格。满怀信心地去思考和行动；努力争取自己想要的东西；主动承担责任，做出决定并将之付诸行动；坦然面对失败；无私地对他人表现出欣赏、热情和爱、投身于有益的事业；摆脱孤独、结交朋友、维持友谊；摆脱悔恨、自我怜悯、忧虑、嫉妒和玩世不恭等消极思想；热情合作；不过分地理想化和自我欺骗，坦然面对生活并能解决日常问题；在无足轻重的事上让步，但是在维护尊严和正直的品格方面，具有誓死决战的精神。这些都是积极的品格，我们需要具备这些品格，它们能让我们工作得更精彩，推销成就步步高升。

（7）唯一限制你的人是自己，没有人限制你的行动，所以，你可以勇往直前。

当我们拥有了这些好的思想、感觉以及行动的时候，就建立起了一种积极的品格，你的这种品格将会散发出迷人的芳香。

总之，拥有迷人品格，会让客户印象深刻。

克服与客户沟通时的恐惧心理

有一位销售员，在一次去客户家访问时，正巧遇上那家男主人不知为何在发火。销售员正站在这户人家门口犹豫时，又与怒气而出的男主人撞了个满怀，销售员手里的公文包也被撞掉，刚好砸在主人家保养得很好的草坪上。男主人正在气头上，看着眼前的不速之客以及被砸坏的草坪，更是怒不可遏，销售员顾不上解释什么，捡起包飞快地逃走了。

从此，这位销售员对拜访客户产生了恐惧感，每当他要推开客户的大门时，他就会联想到那扇门后将会出现的令他胆战心惊的情景：瞪眼大叫，嘻哈嘲笑，女主人挥舞着饭勺撵他，小女孩朝他脸上扔鸡蛋，小男孩用剪子剪他的腰带，连小狗都在咬他的公文包，将包内材料撒了一地……如此狼狈，他哪里还有勇气去敲客户的门。不久，他就主动离开了销售这一行。

这些怀有恐惧心理的销售人员，他们最大的问题在于"怕"——怕被客户拒绝，怕失败。

"我今天很忙，你让别人打电话去约那个客户吧。"

"今天下雨，正好又是星期天，那个客户肯定不在。"

"那个客户很冷淡，没有必要再找他了。"

"他不会答应和我见面的。那个客户档次太高，不会看上我的产品，高攀不上就算了吧。"

……

这样的借口不胜枚举，它们个个看上去都合情合理，但细想却又愚蠢透顶。正是他们总是因为害怕客户拒绝，总为自己找借口找理由开脱，所以他们永远都无法去面对现实，无法大胆向前迈出一步。而如果一位销售员不敢跟客户接触，不敢面对客户的拒绝，是无法成功地把产品销售出去的，想有好的销售业绩更是天方夜谭了。

将与客户的沟通当成一件快乐的事去做吧！

销售员必须清醒地认识到，如果每遇到困难就中途却步、心灰意冷，那就永远没有创造惊人成绩的机会。既然你选择了销售这个行业，就应该明白自己所要面临的挑战，要有坚定的信念去战胜恐惧心理。

日本著名保险业销售员原一平先生曾以自身的感受谈及成功与失败，他说："成功者与凡人的不同之处在于他们从不将失败放在眼里，从不因为失败而放弃竞争，真正的较量并非是与竞争者，而是跟自己比赛。"

事实上，销售员会因产品或服务的不同以及推销能力的高低有区别，从而使推销成功率有所不同。有人成功率为10%，也有人为20%。根据百分比定律，发展成下列公式：计算每次交易的销售额，假如一次成交额为200元；计算会见多少次客户才能成交，假如会见10次才能成交1次。因此：每会见1次=200／10=20元。

每次会见被拒绝，对方说"不"时，都要告诉自己，客户每个"不"字值20元。

这个公式使得本来心情沮丧的销售员想到客户的每次拒绝等于20元时，就会变得面带微笑，感谢对方，然后坦然地去接受另一个20元，在一次又一次被拒绝中走向成功。

销售员第一个推销的是他的勇气，这是每一位推销员谨记的成功法宝。

每位销售员都有这样那样的梦想，为什么绝大多数的梦想被搁浅，主要原因就是缺乏勇气，想为不敢为，结果一事无成。在每位销售员的工作中，都会面临许多害怕做不到的时刻，不能因此画地为牢，要使无限的潜能化为有限的成就。记住一句话：成功就在你身边，就看你有没有勇气去摘取。

学会将产品弱点转化为有益的卖点

销售界一直是一个奇迹迭出的领域，那些销售明星往往不费吹灰之力就可以创造出别人无法企及的业绩。而许多销售新手，往往喜欢从成功人士那里获得成功秘诀，然后竭力模仿，全然不顾自己的实际情况，结果却导致失败。还有一些销售员模仿成功人士之后就开始改变自己的销售风格，用所谓"正宗"的销售方法去销售。然而当一个销售周期结束之后，往往会发现自己的业绩未升反降，客户资源未增反减，销售之途未宽反窄——显然，这一切都与自己的期望相去甚远。

每一件产品都有自己的卖点。无论什么产品，总是跟着别人的步调模仿着去卖，自然达不到理想的效果。

不同的产品有不同的用途，同类产品也一定存在着各自的优势。因此，销售人员要善于发现自己产品的优势，学会转化卖点，让客户认识产品所带来的利益和价值。

1. 用产品说话

用产品说话是向客户推销产品的最有力的方式。销售员在向客户推荐产品时，仅仅口头上说好，显然是不够的。在必要的时候，还必须向客户展示产品的优点。在面对众多的同类产品时，更要突出产品的与众不同之处。比如，同类的液晶电视，有的产品以色彩感强、画面清晰取胜；而有的产品则以省电省空间的"超薄"性能赢得客户的青睐；还有的产品以多功能、追求时尚受到客户的欢迎。总之，每件产品都有突出的优势和卖点，销售人员要掌握这些产品的特点和优点，才能更自信地说服客户，赢得客户的信赖。

用产品说话是推销的关键，因为客户不买产品的理由不外乎有两个：一是确实对该产品没有兴趣，二是不相信该产品。用产品说话就是要促使客户相信该产品。

2. 转换卖点

供求双方的共同点越多，交易的可能性也就越大；供求双方共同点越少，交易的可能性也就会越小。销售人员渴望有个好卖点，客户希望有个好买点，关键是供求双方能否找到共同点。不同的思维，不同的推销术，会有不同的结果。一件产品或者具备实用功能，或者具备观赏价值，各自都有不同的卖点。转换卖点，就是除了看到产品本身的常用功能外，还能找出另外的附加功能。在别人认为不可能的地方开发出新的市场，在大家一致看重的产品的一个卖点上挖掘出更多的卖点，才是真正的销售高手。

3.将劣势变优势，将产品弱点化为有益的卖点

做销售是用不着说谎话的，但为了化解客户的敌意或澄清其对产品的误解，最高明的手法是化弱点为优点，实际做法就是有特点说特点，无特点创造特点。不同的客户会看中产品的不同卖点，一名优秀的销售员会以敏锐的眼光洞悉客户的内心更倾向于哪一点，从而向客户重点展示他所看重的那一个特点。

销售是一种艺术。销售员在推销产品时，关键是要十分注意推销产品的方式、方法。推销方式、方法得当，企业的销售渠道就会畅通。销售是需要动脑筋的创意之举，它和所有的创意一样，以事实研究为基础。

CHAPTER 3

情绪管理：任何场合都不失控

　　不能熟练使用情商技巧的人缺乏有效管理情感的方法，任由情感驱动自己的行为，结果造成恶性循环，会双倍地体验紧张和焦虑。而那些能熟练运用情商技巧的人们，在他们所处的环境中将感到更加自在、更加舒服。

没有好脾气，干不了销售

一些有经验的老销售员经常说："没有好脾气，干不了销售。"这种说法不难理解。销售员每天要面对不同的顾客，可能会遇到各种情况：被人拒绝，被人指责，甚至被人奚落，如果没有一个好脾气，恐怕就很难适应销售工作，更别说打动顾客，达成交易了。

其实，"好脾气"就是指与顾客商谈时能够适当地控制自己的情绪，不急不躁，自始至终一直以一种平和的语气与顾客交谈，即使遭受顾客的羞辱也不以激烈的言辞予以还击，反而能报之以微笑。这样一来，顾客往往会被销售员的这种态度打动，因此好脾气的销售员往往能创造出更好的业绩。在现实中，一些销售员往往不能控制好自己的脾气，得罪了顾客，生意自然也就做不成了。

销售员应该明白，做销售工作，被拒绝如家常便饭，因此，作为销售员不能乱发脾气，而应时刻保持一颗冷静的心。有些销售员在愤怒情绪的支配下，往往失去理智，以尖酸刻薄的言辞予以还击，使顾客的尊严受到伤害。这样虽然能使心中的怨气得以发泄，但到头来吃亏的还是自己，因为这笔交易肯定谈不成了。因此，销售员一定要学会控制自己的情绪。一旦销售员感到精力难以集中，不能清晰地思考问题；或是心情不悦、烦躁不安；被销售工作压得透不过气；想从一项销售任务中得到解脱而进入另一项销售任务；为了见一位新顾客而做了大量的工作，但却一直得不到他的订单时，销售员就要学会调节情绪。因为乱发脾气是没有用的，销售员要做的，就是让自己时刻保持一颗冷静的心。

至于如何消除愤怒情绪、不乱发脾气，一位资深的销售员的做法值得销售员学习和借鉴。

一位销售员在刚刚入行的时候，总是不能摆正心态，踏踏实实地工作。他想早日出人头地，但现实与理想之间的差距太大了：要挨领导的骂，要受顾客的气，而他的脾气本来就不太好，于是他准备辞职，然后找一份适合自己的工作。

在写辞职信之前，他为了发泄心中的怒气，就在纸上写下了对公司中每个领导的意见，然后拿给他的朋友看。

然而，朋友并没有站在他的立场上，和他一同抨击那些领导的一些错误做法，而是让他把公司领导的一些优点写下来，以此改变他对领导的看法。同时，还让他把那些成功销售员的优点写在本子上，让他以此为目标，奋力拼搏。

在朋友的开导下，他心中的怒火渐渐平息了，并最终决定继续留在公司里，还发誓努力学习别人的长处来弥补自己的不足，做出点成绩让自己和他人看看。

从此，这位销售员学会了一种发泄怒气的方法，凡是忍不住的时候，他就把心中的愤恨写下来，读一读，这样心中就平静多了。

无论是顶尖级销售员，还是销售新人，谁都会有发怒的时候。但是，少发怒和不随便发怒却是能够做到的。要想练就好脾气，不随便发怒，必须标本兼治。治本方面，应加强个人修养，包括提高文化素养和道德情操，拓宽心理容量，不为一点小事斤斤计较。

在治标方面，销售员不妨试试以下方法：

方法一：在自己的办公桌上放一张写有"勿怒"两字的座右铭或艺术品，时刻提醒自己不要随便发怒。

方法二：当有人发怒时，仔细观察他发怒的丑态，剖析他因发怒造成的不良后果，以此作为反面教材，警示自己。

方法三：一旦遇到惹自己动怒的事情，强迫自己想别的愉快的事情，或转身去做一件令人愉快的事情。

方法四：万一走不开，又怒火中烧时，强迫自己不要马上开口，或者数数，数到十再开口，以缓和情绪，浇灭怒火。

方法五：不但要学会控制自己情绪，还要学会接受别人的劝告，将自控和助控结合起来。

坏脾气是销售工作的天敌，销售员一定要在工作与生活中慢慢磨炼自己，因为只有拥有了好脾气，才能拥有好业绩。

快乐还是烦恼，你的情商选择

相传，所罗门王是古代最明智的统治者。据史书记载，他说过一句很有道理的话，他说："一个人的心怎样思量，他的人就是怎样。"换言之，一个人成就有多大，全在于他选择什么样的心态。

人的心情好坏，完全可以由自己决定。有的人决定拥有忧伤，有的人决定拥有快乐。或者说，悲观是你的决定，乐观也是你的决定。同样的，自卑是你自己决定的，自信也是你自己决定的。

那么，每天早上醒来，你决定选择怎样的心态呢？你是觉得"可怕的一天又要开始了，我不得不去工作，为吃饭而奔波"；还是在想"又一个多么愉快的早晨，我想今天一定会是美好的一天"？

　　心情不同，人们眼中的世界也不相同。"感时花溅泪，恨别鸟惊心"，是悲观者的世界；春光灿烂，鸟语花香，是愉悦者的世界。

　　其实，万物本已存在，当你觉得心情舒畅时，你会情不自禁地表现出快乐的神情，同时会欣赏万物，心中的幸福感也油然而生。

　　因此，如果你内心不快乐，必须先对你的思想来一次彻底的改造。如果你的心中充满了愤懑、怨恨、自私等灰色思想，那么，一切快乐的光芒便无法穿越。你需要改变精神生活，采用另一种积极向上的态度，然后，才能真正获得人生的乐趣。

　　作家爱默生在每天睡觉前，总是告诫自己说："时光一去不返，每天都应尽力做完该做的事。疏忽和荒唐事在所难免，尽快忘掉它们。明天将是新的一天，应当重新开始一切，振作精神，不要使过去的错误成为未来的包袱。"

　　爱默生十分清楚，如果以悔恨来结束一天，实在不是明智之举。因此，爱默生就像一个关门人，在一天结束时就把门关上，将一切忘记。

　　曾任英国首相的劳合·乔治也是这样做的。有一天，他和朋友在散步，每经过一扇门，他便随手把门关上。"你没必要把这些门关上。"朋友说。

"哦，当然有必要。"乔治说："我这一生都在关身后的门。你知道，这是必须做的事。当你关门时，也将过去的一切留在后面。然后，你又可以重新开始。"

要成为一个快乐的人，很重要的一点就是要学会往前看。忘记过去的不愉快，努力向着未来的目标前进。

如果某些不好的事情已经发生了，就不要总是耿耿于怀，应该学会放下，将懊悔关在门外。因为，不管你如何想着它，事情的结果也不会有什么改变，只会白白浪费你的时间。与其在追悔莫及中度过每一天，为什么不抓紧时间多做些有意义的事情呢？

你可以制订新的计划，树立新的目标，让你的人生更加丰富多彩。今天，不要为昨日的失误而悲伤，否则，明天就要为今日的颓丧而懊悔。

当然，失败的教训我们一定要吸取，绝不能再去犯第二次错误。我们把昨天关在门外，并不是把经验教训也扔掉，而是要迅速从失败的阴影中走出来。只有如此，我们才能以昂扬的心态应对明天。

现在，繁忙的一天就要结束，你已经完成了你该做的事情。临睡前请把这一扇门关上吧，当明天第一缕阳光照向你的窗口时，新的大门就会向你开启的。

情绪如影随形，关键在调控

"情绪"就像人的影子一样每天与人相随，我们在日常的工作、学习和生活中时时刻刻都体验到它的存在，并且感受到它给我们的心理和生理带来的变化。也许，从自己的经验出发，我们每个人对情绪都有一些自己的看法，但是，情绪实际上比我们想象的要复杂得多。如果我们在某种程度上能够了解情绪对人产生的影响，并对情绪产生和发展的基本规律有一定的认识，这将不仅有利于我们的身心健康，而且对我们的学习和工作都十分有利。所以，我们要做好情绪调节，方法如下：

1. 尽可能地变化生活环境

环境对于人而言，不能直接地将人引入积极的情绪状态，它对人的作用更主要的是帮助我们营造良好的心境，这种好的心境是积极情绪发生的必要场所。

一般而言，较大的空间对于人而言总是有利的，因为物理空间和心理空间是有直接联系的。通常人们都不喜欢太过于拥挤的地方，外界空间的拥挤会导致人的烦恼和压抑。心理学家对于这种心理空间和物理空间的微妙联系无法做出解释，更多的是将之归于类似于动物划分领地而互不侵犯的本能行为。由此可见，人们喜爱大海、草原或各种各样荒无人烟的地方是十分有道理的。

对于多数人而言，一般没有时间也不可能经常去这样的地方，因此我们可以通过改变环境的熟悉程度来达到类似的效果。

2. 表情训练法

上面讲的是人会被动接受环境的影响，其实人可以更为主动地控制自己的情绪。有一年中央电视台的新闻节目中放了这样一则新闻：

日本人善于做生意，这是举世公认的。但由于日本人具有强烈的东方民族的特质，他们在做生意的时候不喜欢表露自己的感情，特别是不喜欢笑。所以，日本人在谈生意的时候给人的感觉是压抑和刻板。由于日本人的主要贸易伙伴大部分都是西方人，而西方人性格外向，因此这两种文化之间往往会产生冲突。为了能够在生意场上更好地表达自己的情感，日本人想了很多办法，其中之一就是这则新闻：日本公司的老板为了让职工面带笑容，于是在下班之前的半个小时里，训练他们笑。具体的方法是每人发一只筷子，横着咬在嘴里，固定好脸部表情后，将筷子取出。此时人的脸部基本维持一个面带笑容的状态，再发出声音，就像是在笑了。

这则新闻说明了什么呢？一般人是不会知道其中的奥妙的。这种做法有着心理学研究的依据。这种研究的最主要问题是：究竟是情绪引起身体的反应，还是身体的反应引起情绪的变化呢？

换句话说，人们是因为哭才会愁，还是因为忧愁而哭；是因为恐惧而发抖，还是因为发抖而恐惧呢？

通常而言，人们都认为是情绪引起人的反应。也就是说，人们忧愁的时候才会哭，恐惧的时候才会发抖。但心理学家的研究表明并不完全是这样。恰恰相反，人们会因为哭而发愁，会因为发抖而感到恐惧。这就是说，人的情绪是可以由行为引发的。根据这种观点，人可以通过控制行为的方式来控制自己的情绪。日本人的面部表情的锻炼充分运用了这个观点。

3. 改变对事物的认识来调节情绪

对事物的不同认识可以导致情绪的极大不同。例如，不同的业务员受到上司的批评时，往往会有不同的反应。有些人认为上司是在和他作对，故意刁难他；而有些人认为上司是在教育他，帮助他认识到自身的不足。正是因为这些认识上的不同，人们才会产生不同的情绪。前面一个业务员会对上司产生厌恶甚至对立的情绪，而后一个业务员会觉得和上司的关系更为亲密。可见情绪的变化有时取决于人对事物的看法。

美国的心理学家艾利斯认为，人的情绪的产生是一个被称作ABC的过程。A是指诱发性事件（Activating events）；B是指个体在遇到诱发性事件后产生的信念（Beliefs），即他对这一事件的看法、解释和评价；C是指特定情景下，个体的情绪及行为的后果（Consequence）。通常认为是A引起了C，而艾利斯认为A是引起C的间接原因，更直接的原因是B。也就是说，人们对事物的看法不同，会引起行为和情绪的不同。

因此，在受到情绪困扰的时候，我们可以通过调节自己的认识方式来调节情绪。例如，考试失败的时候，可以问自己："是否别人都可以有失败的记录，而唯独我不能有呢？"答案当然是否定的，因为任何人都会遭到不同程度的失败，你当然也不例外。通过改变对事物的看法，来达到调节情绪的作用。

提高情绪的自控力

有一首歌唱道，"我必须发泄自己内心的各种情感"，但是这并不意味着你也非得要按照演唱者的做法如法炮制。毕竟，我们可以发挥自己的作用，帮助自己处理好各种情绪，因为我们具备自我调控的能力。

斯坦福大学的研究人员用两组儿童做过一个"糖果实验"：研究人员把4岁的小孩一个接一个地带进房间里，并把一粒糖放到他们面前的桌上，告诉他们："你们现在想吃这粒糖，就吃。但如果你们能等我出去办完事回来后再吃，那你们就可以吃到两粒糖。"其中一部分孩子等老师走后就立刻吃了糖，而另一部分孩子等老师回来后吃了两粒糖。大约14年后，当这些孩子高中要毕业时，研究人员再次把那些马上就吃掉糖果的孩子与等待老师回来得到两粒糖的孩子相比较。相比之下，前一组孩子更容易被压力压垮，动辄就生气发怒，常与人打架斗殴，追求自己的目标时抵制不住诱惑。

最令研究人员吃惊的是意外发现：与抵制不住糖果诱惑的孩子相比，那些能等待的孩子在总分为1 600分的大学升学考试中，比平均成绩高出210分。

这些孩子在长大成人、走上工作岗位之后，差异更加明显。那些在童年就能抵制糖果诱惑的孩子到他们二十八九岁时，学到了更多的知识和技能，做事更专心，更能集中注意力，更能建立起真诚且亲密的人际关系，办事更可靠、更具责任心，面对挫折，也显示出较强的自控力。

相反，那些在4岁时就不能控制自己，迫不及待抓糖吃的孩子在这时的认知学习能力较差，情绪智力比那些能控制自己的孩子更是差了一大截。他们较孤独，办事也不令人放心，做事不专心，在追求目标时，只顾眼前的满足。遇到压力时，他们的承受力或自控力都较差，也不知临机应变，而是重复做些无用功。

要说明为什么冲动会使学习能力下降，这要回到杏仁核（附着在海马末端，呈杏仁状，是边缘的一部分。是产生情绪，识别情绪和调节情绪，控制学习记忆的脑部组织，而且研究发现，幼儿自闭症似乎与扩大的杏仁核有关。）与前额叶（包括前区、中区和后区，是一个重要的神经组织区域）这个话题。作为情绪冲动的源头，杏仁核也是注意力分散的根源。前额叶是贮存工作记忆的部位，能使个体把注意力集中到眼前正在思考的事情上。

如果被情绪冲动所控制并达到一定程度时，人们在工作记忆中留给注意力的空间就非常小。对学龄儿童来讲，就可能是不专心听老师讲课、不认真读书及完不成家庭作业。如果这种情况持续下去，年复一年，那学习成绩自然就差了，大学升学考试成绩当然也可能差一大截。对参加了工作的人来说，同样如此。冲动与注意力不集中阻碍了学习或适应能力的发展。

糖果试验的结果充分揭示了不能控制情绪的代价。

情绪自我调节不仅包括缓解痛苦或抑制冲动，而且也指根据需要能有意识地激发出一种情绪，有时，甚至是一种不愉快的情绪。例如，医生要告诉病人或其亲属不幸的消息时，他们往往把自己也置于一种忧郁、难过的情绪中。同样，殡仪馆的殡葬员在与死者家人见面时，也使自己表现出一种悲伤难过的神情。

有人认为，若要求员工表现出某种情绪，实际是迫使员工为了保住饭碗，不得已而付出的一种沉重的"情绪劳动"。如果老板命令员工必须表现出某种情绪，结果只会使员工自然表露出来的情绪与其要求背道而驰。这种情况叫作"人类情绪的商业化"，这种情绪商业化表现为一种情绪专制的形式。

如果仔细地考虑一下，就会发现这种观点只说对了一半。决定其情绪劳动是否沉重，关键在于人们对自己工作的认同程度。如一个护士自己认为应当关心他人和富于同情心，那么，对她来讲，花些时间以沉痛的心情体谅患者就不会是包袱，而会使她觉得自己的工作更有意义。

情绪自我调节的观点并不是说要否认或压抑真正的情绪。例如，"坏"心情也有其用处。生气、沮丧、恐惧都能成为创新力量或与人接触的动力。愤怒可以变成强有力的动力，特别是希望消除不公正或不平等时。共同分享悲伤，可以使人们凝聚到一起。只要不被焦虑所压垮，因焦虑而产生的急迫心情就可以激发人们的创新热情。

情绪的自我调节也不是要求过度压抑或控制一切情绪和自发的冲动。事实上，过分压抑会造成身体和心灵的伤害。人们在克制自己的情绪，特别是很强的消极情绪时，心跳会加快。这是紧张增强的一种征兆。如果长期这样压抑情绪，就会干扰思维，妨碍智力发展，影响正常的社交往来。

影响情绪的一个重要因素，是内心的自我对话。当遇到麻烦时，我们也许会陷入一系列的愤怒思考中，例如，责备、怨恨或做出"我要报复你"的回应。为了有效地制止这些消极的回应，应该尽快对这些不健康的想法亮"红灯"，使自己的心灵迅速进入平静状态：

（1）回忆你过去曾经经历过的愤怒时刻。重新体验你当时的所有思想、情绪和行为。

（2）想象你的面前有一个巨大的红灯，在你的内心世界里大声疾呼"停止！"

（3）现在做一个深呼吸，想象自己正在把所有的消极念头和情绪都吐出去。

（4）想象自己越来越平静，放松片刻。在这种安宁的气氛中走进自己的身躯，重新体验你在愤怒时曾经拥有的想法、情绪和行为。

（5）如果需要，反复做这一练习。

保持积极的情绪

爱丽丝是一位入行不久的业务员，一天，回到家时她已筋疲力尽，疲惫不堪。头痛，背痛，不想吃饭，只想上床睡觉。经不住母亲一再要求，爱丽丝才坐到餐桌旁。

电话铃响了，是男朋友邀她出去跳舞。这时爱丽丝的眼睛亮了起来，整个人变得神采飞扬。她冲上楼，换好衣服出门，一直到凌晨3点才回家，她看起来一点也不显得疲倦，而且因兴奋过度无法入睡。

那么，8小时以前，爱丽丝是不是真像她所显现的那么疲倦不堪呢？当然是的。因为她对工作觉得厌倦，或对生命觉得厌倦。这世上有成千上万个爱丽丝，你或许就是其中之一。

情绪上的因素比生理上的操劳更能制造疲倦。

乔瑟夫·巴马克博士在《心理学档案》发表了一篇实验报告，说明倦怠感如何制造疲劳。巴马克博士要几个学生通过一系列枯燥无味的试验，结果学生都感到不耐烦想打瞌睡，并且抱怨头痛、眼睛疲劳、坐立不安，有些人甚至觉得胃部不舒服。难道这些都是想象出来的吗？当然不是。这些学生还做了新陈代谢测验。测验显示：当人们厌倦的时候，身体血压和氧的消耗量显著降低；而当工作较为有趣富有吸引力时，代谢现象立刻加速。

这个实验的结论就是：我们的疲劳往往是由于忧烦、挫折和不满引起的。有兴趣就有活力，和唠叨的妻子或丈夫同行一小段路，要比和心上人同行10里路还累！

美国哈佛大学心理学家芭芭拉·弗雷德里克森最近的研究成

果指出，积极的情绪可以开启人类的心灵，使其朝更多的方向发展。也就是说，积极思考的人比消极思考的人拥有更多的选择和资源。如果女人能够不断保持积极的情绪，那么不论做什么事效率都会比较高。

1. 消极的情绪更具有强迫性

人类偏向消极情绪的部分原因是，许多问题比积极因素的强化更具有强迫性。

2. 负面的情绪会限制思考能力

负面的情绪会限制我们的思考能力，例如看到一只不怀好意的大狗向你冲过来，你会立刻产生这只狗可能攻击你的负面想法。若没有这个有意识的念头，你可能不会主动设法保护自己。如果你想象这只狗即将攻击你，你全部的意识就会集中在如何全身而退的问题上。

3. 积极的情绪可以开启思考

如果你充满喜悦，各种可能性都会存在。在这种情况下，你可以四处玩乐、玩笑，享受幻想的乐趣，在情绪上、心智上、社交上尽情释放。"危险"在充满喜悦的情境下，是毫无立足之地的。

4. 积极的情绪可以调节负面的情绪

以喜悦代替愤世嫉俗，可以协助你怀着更满足的心态完成工作。

5. 积极的心情往往会产生更具创造力的思考，更具诱导性的推理能力（解决问题），以及更有弹性的行事方法

如果你把世界看成是积极的、安全的和充满乐趣的，你就可以积极地解决问题，并发现新的解决途径。

以积极的情绪代替负面的心理状态，必须从认知开始着手，其次才是有意识地转换或改变情绪。在不同的心理状态之间来回转换，是改变情绪的重要技巧之一。

善用情绪带来的正面价值

我们可能有过这样的经历：约定客户前焦虑不安、坐卧不宁；受到上司批评后眼前一片空白，不愿上班；和同事争执后，气得上街乱逛，买一堆不合时宜的东西泄愤。

像这类"犯规"的举止，偶尔一次还不要紧，如果经常这样，可就要小心了！因为不知不觉中，你已经成了"感觉"的奴隶，陷于情绪的泥沼而无法自拔。所以一旦心情不好，就"不得不"坐立不安，"不得不"旷工、"不得不"乱花钱、"不得不"酗酒滋事。这样做不仅扰乱了自己的生活秩序，也干扰了别

人的工作、生活，丧失了别人对你的信任。

对有些人而言，"情绪"这个字眼不啻洪水猛兽，唯恐避之不及！领导常常对员工说："上班时间不要带着情绪。"妻子常常对丈夫说："不要把情绪带回家。"……这无形中表达出我们对情绪的恐惧及无奈。也因此，很多人在坏情绪来临时，莽莽撞撞，处理不当，轻者影响日常工作的发挥，重者使人际关系受损，更甚者导致身心疾病的侵袭。

长期的消沉情绪对身体各系统的功能有极大的影响，怎样摆脱和消除不良心理情绪呢？美国密歇根大学的心理学教授兰迪，提出了七种比较有效的方法：

（1）针对问题设法找到消极情绪的根源。

（2）对事态重新加以估计，不要只看坏的一面，还要看到好的一面。

（3）提醒自己，不要忘记在其他方面取得的成就。

（4）不妨自我犒劳一番，譬如去逛街，逛商场，去饭店美餐一顿，听歌赏舞。

（5）思考一下，避免今后出现类似的问题。

（6）想一想还有许多处境或成绩不如自己的人。

（7）将自己当前的处境和往昔做一对比，常会顿悟"知足常乐"。

美国著名心理学家丹尼尔认为，一个人的成功，只有20%是靠IQ（智商），80%是凭借EQ（情商）来获得的。而EQ管理的理念即是用科学的、人性的态度和技巧来管理人们的情绪，善用情绪带来的正面价值与意义帮助人们成功。

真正健康、有活力的人，是和自己情绪感觉充分在一起的人，是不会担心自己一旦情绪失控会影响到生活的。因为他们懂得驾驭、协调和管理自己的情绪，让情绪为自己服务。

当你明白自己的情绪不对劲后，你要去认识，有哪些责任是自己应该负责却没有做好的，又有哪些责任是外在的原因造成的。比如，你因迟到，遭到上司的罚款处罚，心情很沮丧。那你就要追问自己：此事是自己的原因还是外部的原因？如果是属于堵车之类的外部原因，那么不必太在意。如果是自己动作慢，常起晚的原因，那就改变习惯而不是谴责自己。如果因此养成了良好的习惯，那领导的处罚也是值得的。

通常情况下，人们会将自己遭遇的不幸归因于外界。比如，上司批评自己是因为一直就看不惯自己，而这种假想出来的不公平感会让人的情绪雪上加霜。此时，如果你能够及时地消除这些"假想"，并现身说法，定可以帮助自己卸掉一个沉重的包袱。

此外，对于已发生的事情，可能已经对现实造成了一定的影响，比如你说错了一句话，可能得罪了上司。你除了要认识到无论前面发生了什么，都属于过去外，还要帮助自己寻找一些解决问题的具体措施。比如，要如何做才能减轻自己给领导造成的负面印象？怎样才能让领导重新信任自己？为此，你可问自己几个问题：

这件事的发生对自己有什么好处？

现在的状况还有哪些不完善？

你现在要做哪些事情才能达成你需要的结果？

在达成结果的过程里，哪些错误你不能再犯？

当人面对对自己有危险的事情时，会产生恐惧、担忧、焦虑的情绪，而一旦找到了解决问题的方法，正好帮助自己增强对事情的"控制力"，同时坏情绪也就会得到缓解。

不当客户的"情绪垃圾桶"

情绪垃圾最常出现的地方就是职场，在职场中对同事、客户的抱怨、斗气等，都会影响到其他人的情绪和心理。美国华盛顿大学做过一次关于职场情绪心理的研究，研究认定，那些在职场中情绪低沉、消极，工作态度悲观以及喜欢攻击他人的消极员工会对整个工作环境造成影响。

这就是情绪垃圾的传播结果。一两个人的情绪垃圾，在办公室里会被放大，尽管有些同事没有参与情绪垃圾的传播，但只要身在其中，心理上就会有些波动，且随时可能成为燃起的小火苗。所以，这就是为什么很多企业的HR会在面试时格外重视一个人的精神面貌及工作态度，他们会试图从应聘者中发现性格开朗、态度积极的员工，排除掉悲观低沉、情绪消极的员工，因为这些员工可能有大量的情绪垃圾，一旦在公司中排放出来，可能会瓦解整个团队的士气，动摇企业的"军心"。

情绪垃圾，对新员工、意志力不坚定的员工、缺少主见及对企业还未建立起充分信任感的员工造成的消极影响最大。业务员小惠最近就遇到了一件苦恼的事儿，不知道该怎么处理，她在网上发了个帖子，"跪求"网友们支招。帖子是这样写的：

"有个客户，是个多愁善感的人，每天都有无数的感受想要倾吐。她公司是那种12小时工作制，因此她常常在休班的时候给我打电话，一打就是一个多小时。每次都说些生活和工作中的琐事，谁得罪了她，谁在背后说了谁的坏话，哪个朋友干了对不起她的事，哪天跟男朋友因为什么事情吵架了，哪天丢了钱包，哪天在地铁里被人踩脚了……统统都是负能量的事儿，而且这些事情经常在她身上重复发生。每次基本上她说了第一句话，我就知道后面她要说什么事儿了。有时一天还不止打一个电话，每次我都是实在受不了以后，找个借口说'哎呀，我要工作了'或者'老板来视察了'等，才能匆匆地挂断电话。

"挂断电话后，我自己也变得很烦躁。第一是因为突如其来的电话，把自己的工作思路和节奏都打乱了；第二是因为打了这么长时间电话，工作都耽误了，又不能准时回家了；第三，也是最重要的一点，因为每次她都是说些负面的消息，搞得我自己也受到了负面情绪的感染，本来好好的心情，也被搅得凌乱了。

"很多时候，她评价同事、老板的一些观点也影响到了我。比如开会的时候，同事无意中问了她一个问题，她没有答上来，就会觉得是同事故意暗算她，让她当众出丑。有时候老板当众说一些大家工作中存在的问题，提一些需要改进的要求，她总觉得是针对她提出的。这些负面的意识传输给了我，让我在遇到同样的问题时竟然也出现了和她一样的想法，这在以前是从来没有的。"

在帖子的最后，小惠说，她现在不知道该怎样处理这件事，因为这是一个长期合作的客户，不敢得罪她，而且时间久了有点像朋友了，不听朋友倾诉是不是很不够意思？

我们先来看看这种患有疯狂"倾诉症"的人是一种怎样的心理。

"倾诉狂"们大多都是性格敏感且小气，甚至斤斤计较的人。在别人看来无所谓的事儿，在他们眼里都是可能影响到个人安危乃至民族尊严的事儿，必须要"彻查彻办"。一旦遇阻，或事情的发展与他的想象有偏差时，他内心的恶气就会像气球一样被吹起来，越吹越大，撑得整个人都难受。这时他就急需找个"树洞"发泄一番，将胸中的恶气疏散出去，多数时候会找身边的朋友或同事，来充当这个活树洞。有被当过"树洞"的人曾抱怨说，自己即便转脸不听对方倾诉，对方还是会倾诉个没完没了。没错，事实上在倾诉者眼里，你是一个人还是一个树洞，是固定的还是可以活动的，他们都不在乎，他们需要的只是一个载体，可以让他宣泄情绪、转移恶气的载体。

当你知道这样的人的心理后，对这种行为一定要果断拒绝，你可以建议他找一个真正的树洞去倾吐，或是想其他办法摆脱他的"控制"。因为他传递的信息和情绪，可能会影响到你的生活和工作。是的，朋友是应该分担忧愁，但请注意是"分担"，而不是将整个担子全甩给朋友。因此，当有人企图把坏情绪的担子全甩给你时，千万不要接手，一接你就等于承担了"情绪垃圾桶"的任务。情绪垃圾会让你变得消极、颓废、爱抱怨，恶气也会像气球一样在你的身体内膨胀，直到你找到下一个"情绪垃圾桶"。你愿意自己做一个传播情绪垃圾的人吗？

我们周围都存在一些"倾诉狂人"和"抱怨狂人"，这些人对要说什么话，用什么方式说，在什么场合说，是否会影响到他人，从来都不管不顾的，只管自己"一吐为快"。这样的人往往都比较自私，生活中常以自我为中心，很少顾及他人的感受。那么，在生活中遇到这样的人，我们应该怎样摆脱呢？

1. "移魂大法"

移魂大法就是不断地转移她的话题。当一个人找你抱怨过多时，如果你无法拒绝或拒绝无效时，你就不断地插话，打乱她的倾诉。她讲她对同事的评价，讲她男朋友有多恶心时，你可以问问她现在鸡蛋多少钱一斤，西红柿好吃还是青椒好吃，总之就是转移她的话题，让她"跑偏"。当她跑偏了几次之后，就会感到跟你倾诉很无趣，她的倾诉情绪在你这里得不到很好的满足，她自己就会想立刻结束这次倾诉，然后会很快找个借口结束这次谈话。

2. 惹不起，躲得起

遇到"倾诉狂"，应尽量减少与其接触，尤其是避免单独与其接触。当他们主动找上门要跟你大倒苦水时，你不妨找借口避开，比如说有什么事需要出去一下，或者说要接个电话……惹不起，总能躲得起。当你躲也躲不掉时，也可以好好思考下同事的倾诉，找到足够的证据批判他的观点，当然了，你可以在心里默默批判，这样他对你造成的负面影响就会很小。

3. 反过来扮演更悲剧的角色

通常"倾诉狂人"和"抱怨狂人"总是在潜意识里将发生在自己身上的事情当作一个悲剧在诉说，渴望得到别人同情和厚待。当你实在受不了这些情绪垃圾在你耳边嗡嗡作响时，你可以扮演一个比倾诉者更可怜更悲剧的角色，诉说你的悲剧，跟她"比惨"，把话茬抢过来，并牢牢把持在自己嘴上。"倾诉狂"通常只有倾诉的需求，而没有倾听的需求，让他们倾听别人的倾诉，他们可能马上就烦了，而且很快就没有了倾吐的兴致。当你听到他们开始转移话题时，你就赢了。

理性回绝客户的过分要求

对房产经纪人小夏来说，自己做业务以来，总共就遇到过两个烦恼，一是没有客户时的烦恼，二是客户带来的烦恼。业务员每天的任务就是解决这两个烦恼。

小夏公司代理的是一些高端的商务楼盘和别墅区，这些楼盘非常贵，无论是买卖还是出租都非常不容易，但1个月只要做成一笔生意，其佣金就抵得上一个普通白领3个月的工资。这天，小夏碰上一单生意，有位张老板想租一套别墅给自己的女朋友住。小夏按他的要求选好了一栋别墅，约了时间来看房。在看房的过程中，小夏发现张老板对别墅的整体设计和风格很满意。他的女朋友却苛刻得多，提出了一系列要求。结合这些要求，小夏又为女士推荐了另外一套欧式风格的别墅，但这套别墅的租金价格更高一些。女士看了别墅以后表示满意，但希望小夏能将租金价格下调一些。小夏看到成交的希望，就将房租降了一些，并告知对方，降价会影响到自己的薪水，为了成交，她忍痛割肉，这是绝对的底价了。女士轻蔑地看了她一眼，好像不是太相信她的话。

转了一圈又一圈，女士终于决定接受这个报价，租下这栋别墅，但随之又提出，要将里面的家电换掉。小夏有些犹豫，还是答应了，因为拉一个大单不容易。

换过家电以后，女士又对装修风格提了意见，说自己喜欢北欧的风格。小夏提议换一个北欧风格的别墅，谁知女士说自己就喜欢这个别墅的地理位置，非它不可。这个要求别说超出了小夏的职权范围，就是主管在这儿也答应不了她。小夏最终还是拒绝了这单生意。

很多做业务的新手，喜欢习惯性地对客户忍辱负重。但是面对客户的过分要求，如果不分析原因，只是一味地迎合客户、满足客户，就会将自己置于非常不利的被动境地。

多数时候客户出现一而再再而三的要求时，肯定是其心理上产生了某些想法。作为业务人员，你要先弄清客户的想法，比如，客户是否在竞争对手那里遇到了更合适的产品，想通过提高条件来排挤业务员；客户是否对业务员有某些方面的不满，通过提高条件让业务员犯难；客户是否对本产品的优势了解得还不够；客户是否受到了他人的挑唆；客户本身是否属于挑剔的性格……只有了解了客户提出过分要求背后的真实心理后，才能对症下药，劝服客户降低需求。

业务人员通常有这样的心理，认为自己做出了让步，客户就会买你的账。实际上站在客户的角度看，你的让步越多，他越觉得是理所当然，也就越觉得还有再争取的可能，从而一再提高要求。

拒绝客户也是一门艺术，在表达拒绝的意思时，一定要真诚地讲出自己的难处。同样一个"不"字，通过不同的方式、不同的语气传递给对方时，结果也是不一样的。沟通中有一个原则叫作"漏斗原则"，就是说我们心里所想的若是100%，那么嘴上只能表达80%，别人接收到的只有60%的信息，而能完全听懂的只有40%，而让他根据我们所表达的意思去行动时就只剩20%了。基于这个原理，就需要业务人员通过充分沟通，将"不"字有效且婉转地传达给客户。

在拒绝的过程中要自信，不要开口就道歉，因为你并不欠客户什么，更没有做什么对不起客户的事儿，而是确实从公司的状况出发，无法满足对方的要求。你大大方方跟对方说，对方听了也能体谅；你扭扭捏捏地跟对方说，对方就会觉得其中可能有猫腻。

拒绝时要条理清晰，把困难逐个向对方说明，重点强调你为什么要说"不"。在你强调的过程中，客户可能也会向你讲自己的想法，这时你应该积极聆听对方的真正想法和需求，以免你因误解对方所表达的内容而拒绝对方。挖掘出对方的真实需求，才是你沟通和拒绝的目标与收获。

在你拒绝时，多数情况下还会遇到客户的讨价还价，有些客户很有死缠烂打的功夫，不拖到你松口绝不罢休。不管你平常性情有多火暴，这时一定要摁住你的"炸药包"，要有耐心听完客户唠叨，耐心向客户解释。一旦造成争执，影响的可能不仅仅是这单生意，甚至会影响到你的声誉。所以，在拒绝对方时，要注意自己的情绪，你的情绪是枳极主动的，还是消极悲观的，都会影响到对方。

此外，在拒绝客户的过分要求时，还有这样几招：

1. 搬出公司的政策、制度

告诉客户其要求是公司的政策或制度明令禁止的，自己虽有心帮忙，但无力改变大局，让客户体谅自己。

2. 学会利用上级

对客户提出的任何请求都不要随意答应，要养成"请示"的好习惯，即使明知道请示会得到上级批准。因为这样就传递给对方一个信号，即业务员自己的权力是有限的，满足客户的要求是需要经上级批准，且需要公司付出很大代价的。

客户看到自己的要求很难实现时，就不会随便向你提要求了。

3. 拖延

用拖延的方法让客户知道，他的要求确实不是那么好办的。或者以需要请示但不能得到及时回复的方式拖延。

CHAPTER 4

自我激励：提高抗压等级，越挫越勇

　　真正优秀的销售员必须具备的最基本的素质，就是自我激励。激励如同汽车引擎的启动器，没有启动器，引擎将永远不会产生功率。自我激励能力，就是指销售员必须有一种内在的驱使力，使他个人想要而且需要去做一次"成功"的销售，而并不仅仅是为了钱或为了得到上级的赏识。

激励让人充满动力

推销员每天要面对大量的客户，要解决许多问题，并且碰壁的机会很多，而推销员必须保持着充分的热忱，精神饱满地工作，所以推销员一般都要有超常的忍耐力和热情，这种工作的热情时常会受到客户泼冷水而降温，所以，推销员应该时刻激励自己。

一个人的销售能力，是由正确思考能力和自我激励能力的相互作用来决定的。这两个基本素质不仅相互作用，而且彼此促进。必须有强烈的自我激励能力，加上自身良好的悟性，才能不断完成有效的销售。

自我激励是一种特质。它可以让人充满希望，并能让人产生按照自己的行为方式销售产品的欲望。一个真正优秀的推销员都具有很强的自我激励能力。

自我激励的方法有很多种，下边我们介绍几种以供参考。

1. 使用激励的话

我们大多数人都有这样的体会，当你在赛场上比赛的时候，有朋友在不断地激励你："加油！""你是好样的！""向前冲！"当我们听到这些话的时候，我们会备受鼓舞，会变得热血沸腾，一时间，身上好像有很多冲劲。在这个时候，我们是最有前进的动力的。

而这种通过激励产生的动力，也能够被我们推销员充分掌握并加以利用，千万不要轻易放过它。激励能促使人们采取行动或做出决定，为人的行动提供动机。

这些激励的话可以是："我行！""今天是成功的一天！""今天我最棒！""我是独一无二的！""坚持不懈，直到成功！"

可以每天早晨，读这些能鼓舞自己的话，让自己充满自信地去工作；当站在客户门前，不敢进去的时候，先在外面说几句激励自己的话，让自己情绪亢奋起来，有足够勇气进入客户的办公室；当自己遇到突发困难的时候，告诉自己一定行，让自己冷静下来，勇敢克服……

这种用激励的话激励自己的方法能够在短时间内增强勇气。在发生突发事件或者在推销开始时比较适合使用这种方法。

2. 向人公开自己的志向

也许有人会疑惑，公开说出自己的志向能激励自己、实现愿望吗？回答是肯定的。的确有人这样做了，并成功了。

刚刚毕业于东京大学法律系的大村文年进入"三菱矿业"成

为小职员。当公司为新人举行欢迎会时，他对同事说："我将来一定要成为这家公司的总经理。"在豪言壮语之后，开始了他的长远计划。他凭着旺盛的斗志与惊人的体力，数十年如一日，孜孜不倦地工作。后来，他远远超过众多资深的干部与同事，在毫无背景的情况下，完全凭借本人实力，冲破险境，终于在35年之后当上"三菱矿业"的总经理。

为什么公开说出自己的志向能产生如此强大的激励作用呢？这是因为人都是爱面子的，而公开自己的志向，不仅给了自己压力，也让自己有了更多的勇气和动力。公开自己的志向，可以让有志于成功的推销员凭借着这股不服输、争面子的强大动力，勇往直前，直到成功。

在制订完自我发展目标后，就可以用这种方法进行自我激励。人越多的时候，越是在熟人周围说，这种激励的效果也会越好。

3. 依靠责任、情感力量自我激励

在一次推销业务会议上，克莱门特·斯通宣读了下面所述的金·克拉瑞一封信的一部分，激励推销员采取行动：

6个星期以前，我六岁的女儿走来对我说："爸爸，你什么时候可以得到蓝宝石（蓝宝石是一种奖品，用以奖励在特定时间里推销业绩特别突出的销售员）？"

"你什么时候才可以在一个星期里推销出100份保险？爸爸，我每天晚上都请求上帝帮助你获得蓝宝石。我已经向他祷告好几个晚上了，爸爸，我想他并没有帮助你。"一个孩子对父亲的关心是那么纯真，那么真诚。

经过了长时间的思考之后，我认为她并没有搞清楚上帝为什么不帮助我。因此我回答说："宝贝，上帝确实在帮助爸爸，但是爸爸却没有帮助上帝。"其实，我甚至没有帮助自己，我付出了失败的代价。为什么？因为我并没有努力尝试。我自我原谅，寻找借口，我指责每一个人却没有检讨自己。人是多么盲目！我当时就决定……

在信的下半部分中，他列出了后来取得的很多成就。而他之所以获得这些成就，是因为他对女儿的深厚感情激起了他"向前冲的力量"。最终，他获得了蓝宝石奖，女儿的祈祷也得到了回报。

金一直有股向前冲的力量，每个人都有这种力量。但是由他女儿说出了祈祷的事，才激发起金对自己的不满，并反映在他的思想中：

"我甚至没有帮助我自己，我付出了失败的代价。为什么？因为我并没有努力去尝试。我自我原谅，寻找借口，我指责每一个人却没有检讨自己。人是多么盲目……"

正是这种亲情激励引燃了他向前冲的力量，并完成了他所想所思的事情。

可见，情感的力量能够唤起一个人强大的前进动力，能够支持一个人勇往直前。

这种情感的力量还可能源自于：为了让劳碌一辈子的双亲过上幸福的生活；为了妻女不再过艰苦的生活；为了给妹妹挣钱上学；为了给病床上的亲人看病；为了满足亲人、朋友一个愿望……

这种情感和责任的激励力量分外强大，尤其是当推销员面对困难或者挫折的时候，在心情消极、工作不积极的时候，想一想家人朋友的期望，想一想自己如果再努力些，就能够让亲朋好友实现更好的愿望，那么，就会有强大的动力支持推销员坚持下去，攻克难关。

推销员想象亲朋的期望时，内容越具体，越符合实际，尤其是经过他的稍加努力就能实现的内容更能激发起推销员的动力。

4.制订计划激励自己

推销员应制订一个月或一定时期的销售目标。这些目标不要太高但也不要那么容易实现，计划一旦制订完，就要立刻按计划进行，每当达到这个目标时就犒劳一下自己，每当没有实现目标时，不给自己找理由，惩罚一下自己，并且经常性地构想一下自己的未来，就能够有效地激励自己前进。

5. 进行自我暗示

通过积极的自我暗示来控制自己的思想朝着好的方向发展，并立刻行动。

比如，在与客户交流的时候，客户言语冷淡，就暗示自己，不要想得太多，往好处想就一定有好结果；当客户出言引起你的愤怒时，暗示自己此时不能发火，否则前功尽弃；当客户已经有购买意向的时候，要暗示自己沉得住气，再努力一点点……

这种自我暗示方法能够有效调节情绪变化，及时调整状态，让自己朝着正确方向发展。在与客户交流的时候，使用这种方法比较合适。

积极应对"销售低潮"

无论你是多么老资格的推销员或是业绩一直保持一定水准的销售人员，也会发生连续两三个月业绩持续滑坡的情况，这就是一般销售人员闻之色变的"推销低潮"。没有经历过的人一定不会相信它的杀伤力有多大，经历过的人则会把它视为噩梦，暗暗祈祷噩梦不要再度来临。

推销低潮，不仅使人精神郁闷，让人变得急躁不安，有时候还会让人产生强烈的自我怀疑感。

事实上，发生这种情况都是有一定的原因的，比如，可能是因为没有开拓新的客户；可能因自己懒惰，没有进行足够的社交活动；也可能是家中发生重大事故或生病让自己失去应有的推销水准等。

想要摆脱"推销低潮"，首要的就是进行自我反省，查找自己出现"推销低潮"的原因，通常原因有以下一些内容。

1. 自满或自傲情绪造成的

可能是一开始自己的运气好，还没有谈上一两回就立即成交，因为胜利得来太容易，所以，往往被冲昏头脑，误以为从此以后幸运会永远常伴。结果在之后的日子里，整天就是呼朋唤友去喝咖啡去娱乐消磨时间，把花时间去培养新的客户看成浪费时间和精力，等到突然发现自己已经很长一段时间都没有出业绩的时候，才方寸大乱，心急如焚，且还不知道自己该怎样脱离困境。

这便是推销员出现自满或者自傲的过程。当业绩陷入低潮，一切自我钻研、自我努力的成果化为乌有，业绩平庸，难以向前迈进时，这些自满或自傲的情绪将成为无形杀手，把推销员推向痛苦的深渊。这种痛苦的感觉要比没有获得一点成绩时遇到挫折的感觉要更深刻得多。

2. 贪多造成的

有些推销员可能不满现状，想在一段时间内赚取更多的钱财，并且以为推销的产品越多，自己获得推销成功的机会就越多。所以，他们不满足于贩卖一家的商品，而是经常要兼卖好几家不同的商品，结果，因为个人的精力有限，每天的时间有限，最后常常是顾此失彼，贪多嚼不烂，最终一无所获。

3. 推销技术有问题

有的推销员非常迷信某种说明方式会十分管用，所以，便一成不变地把它应用到每个客户身上。也许在开始的时候，推销员能够满怀激情地去工作，能够在使用那些说明方式的时候充满热情，但是，长时间使用这些方式，久而久之就会磨去原先的魄力与热情。到最后，他自己已经没有热情去说明，而更多的是把它看成一种公式似的说出去，没有一点儿激情。这样的说话方式当然也就无法感动客户了，所以，销售情况也就不景气，业绩不断下滑了。

产生推销低潮时，其实也不必灰心丧气。凡事都要想得开些，不必自寻烦恼，这时期的目标没有实现，就暂且把它放在下一时期的目标上。然后，可以趁着这段低潮期，对于自己的销售能力及拜访活动做一下全盘的检讨，寻找失败原因，在下一次重新出发时，以便让自己能更有活力、更有技巧、更有要领地进行推销活动。

面对推销低潮，最好的处理方式就是不断进行自我激励，然后拜访了再拜访。在拜访过数十家，甚至数百家客户后，一定会成功的。不妨向原一平学一学。

原一平也曾遭遇"推销低潮"，他没有因此沮丧，而是一整天都在虚心检讨自己的优缺点，极力想从中找出原因，但是，他始终无法找到失败的原因。

有一天，他下决心去拜访一位资深人员，请教如何摆脱困境的方法，没想到这位前辈却因醉酒在家休息。原一平心中大为震撼，同时也认为自己这种行为未免太过天真。

仔细思考了一晚上后，第二天一大早他便起来冲了个冷水澡（当时正值冬天），然后出门去拜访客户。结果他到第一家就被拒绝了，到第二家后也被拒绝了，但是他毫不灰心，依然继续拜访，并决意要试试看一直拜访完10家后结果会怎么样。最后，他在拜访第五家时便结束了为期多日的噩梦。签完合同后，他跑到外面的路上大声高叫："太好了！我并没有放弃！"

有些人会在面对困难的时候，不断地忏悔，陷于消极情绪中无法自拔，不断地反省自己，寻找原因。但这里要注意，事情既然已经发生，就不要浪费太多时间在后悔上，自我反省的时间要尽量简化，因为对于推销员来说，时间是非常宝贵的。与其绞尽脑汁地忏悔或者反省，不如趁这个时间再去拜访一位客户，也许在实践中就突然发现自己的失误了。

运用暗示的力量战胜自己

在心理学上，自我暗示指通过主观想象某种特殊的人与事物的存在来进行自我刺激，达到改变行为和主观经验的目的。

消极的自我暗示可误导个人的判断和自信，使人生活在幻觉当中不能自拔，并做出脱离实际的事情来。消极的自我暗示还可起到使人对外界事物的认知形成某种心理定式的作用，为人处世偏听误信，凭直觉办事。而积极的自我暗示又称自我肯定，是对某种事物的有力的、积极的叙述，这是一种使我们正在想象的事物坚定和持久的表达方式。

自我暗示不是提示，比如，别人对你说："尝试去做对的事情，只因为它是对的。"这就是他人给你的提示。每次你对自己说："努力去做对的事情，只因为它是对的。"这就是自我提示。当你下意识地将"努力去做对的事情，只因为它是对的"这句话融入你的意识思想，这就是自我暗示。

自我暗示是一种强有力的技巧，一种能在短时间内改变我们对生活的态度和期望的技巧。经常进行肯定性的自我暗示练习，能够让我们开始用一些更积极的思想和概念来替代我们过去陈旧的、否定性的思维模式。

但是，千万不要把提示当成自我暗示，也许我们正在看着很多励志书籍，但是，想要从书中获得自我暗示的力量，不是看作者把什么东西写进书里面，而是要从书中汲取什么，并且把这些东西融入我们的生活之中。

在进行自我暗示的时候，我们应该遵循以下原则：

（1）始终要用现在时态而不是将来时态进行暗示。比如，我们应该说"我现在获得了客户的肯定"而不说"我将来会获得客户的肯定"。这种做法不是自欺欺人，而是基于这样的事实：每件事物都是首先被人想到，然后才能在客观现实中显现。并且你会发现这种方法的确对自己的心理产生了积极作用。

（2）要在最积极的方式中进行，肯定我们所需要的，而不是不需要的。比如，不能说"我再也不偷懒了"，而是要说"我越来越勤奋，越来越能干了"，这样做可以保证我们总是创造最积极的思想形象。

（3）一般来说，语句越简短，效果越好。因为一番肯定应该是能够传达出强烈情感的清晰的陈述，情感传达得越多，给我们的印象越深刻，影响越强烈。而那种冗长的、充满理论性的肯定语言，就丧失了情感上的冲击力，就没有多少强烈的激励作用。

（4）选择那些对自己完全适合的肯定。每个人都不相同，对一个人有效的肯定，也许对另一个人就根本不起作用。所以，我们要进行的肯定应该是能够让自己觉得积极、扩张、自在或是有支撑性的，如果不是这样的，就试着改动言语，直到你感觉合适为止。

（5）在进行肯定时，始终相信自己在创造新的事物。我们并不是试图取消或改变既有的事物，这样会引起存在者的冲突和挣扎。我们应该采取的态度是，接受并处理那些已经存在的事物，但与此同时，每一个时刻我们都开始创造自己确切希望的事物，并获得新的机会。

（6）肯定并不意味着要抵触或努力改变自己的感受或情绪。接受并体验自己所有的情感包括否定性的情感是非常重要的，不要试图改变它们。这样做，肯定会帮助我们创造出一个对于生活的新的观念，这会让我们从此可以有越来越多的快乐体验。

（7）在进行肯定时，尽可能努力创造出一种相信的感觉，一种它们已经真实存在的感觉，这样将使肯定更加有效。

坚持依据这些原则来进行自我暗示，就能够让我们更积极地思考和行动。

另外，在自我的暗示的时候要集中精力，把思想集中在自己应该想的事情上，这样，我们就不会去思考不应该想的事情。如此，就可以经由自我暗示而影响自己的下意识，从而走上战胜自己的道路。

当我们面临诱惑的时候，自我激励的话从潜意识中进入意识中。当这种情形出现的时候，要立刻采取行动，果断地去做正确的事情。如果这样不断重复，就会让自己养成一种良好的习惯。

但是，想要自己真正从思想上有所改变，不仅要借助于原则和一些方法，更重要的是要用心去做，发自内心地靠自己的坚强意志战胜思想上的懒惰以及自私自利等不良状态。控制住自己的思想，让自己的思想中充满积极的内容，这样才能把握住自己的命运。

销售大师克莱门特·斯通说："当我解释或说明激励的艺术时，我是想激励你。而一再地重复，是要增进任何形式的暗示所产生的效果。但如果你想具备运用这些自我激励的诀窍，那只有靠你自己立志采取行动了。因此，我要促使你为自己证明这些激励之言的效果。"

暗示的力量是强大的，只要下意识地去暗示自己，不管我们现在是什么样子，都能够让我们成为自己所要成为的人。做推销员的更应该善于运用暗示的力量，不断战胜自我，这样才能早日成功。

找到成功契机，百折不挠

为什么有的人永远处在起跑线上，而别人早已经冲过了成功的终点？因为有些人总是在更替成功的起点，在没有到达成功彼岸就放弃，选择重新寻找起点，大把的时间也在这不断寻找中浪费掉了。而有的人则在踏出第一步的时候，就已决定永不停息，百折不挠，直到成功。

所以说，成功其实并不难，难的就在于你是否肯下决心。林肯曾经说过："我不在乎你是否失败了，我关心的是，你是否满意于自己的失败。"很多时候，成功只需要你勇敢地向前迈上一步就足够了。

美国推销明星克莱门特·斯通从小就懂得了百折不挠能够给他带来更多的收获这个道理。

克莱门特·斯通6岁的时候就开始在芝加哥南区卖报纸，但一些人流最多的街角早已经被比他大且声音更洪亮的孩子占据了，如果斯通侵犯了他们的地方常常会受到拳头的威胁。但是，斯通没有因此而退却，而是在那段日子里学会了扭转劣势。他开始关注一些其他的地方，发现富乐饭店生意红火，是个卖报纸的好地方。于是他决定去这个饭店里试一试，他虽然胆子很小，且非常紧张，但还是走了进去。很幸运，他在第一张桌子旁卖出一份报纸之后，在第二张和第三张桌子上吃饭的客人也都买了他的报纸。但是，在他走向第四张桌子的时候，富乐先生把他赶了出去。

不过小斯通已经尝到了成功的甜头，他发现在这里报纸的销路实在很好。于是他又在富乐先生不注意的时候，偷偷溜进了饭店，走向第四桌的客人。这时，饭店里发出了哄堂大笑，客人似乎喜欢看他和富乐先生玩捉迷藏的把戏。

在第四桌吃饭的客人显然很喜欢克莱门特那种不屈不挠的精神，在富乐先生还来不及把他推出去之前就付了报纸钱，还多给了他一毛钱小费。克莱门特当时想到自己已经卖出四份报纸，还得了一毛钱"奖金"，心里的兴奋简直无法言表。

当富乐先生再次向克莱门特走来的时候，一位客人开口说："让他在这里好了。"就这样，五分钟后，他卖完了所有的报纸。

第二天晚上克莱门特又走进了那家饭店，而富乐先生拎着他的衣服把他拽出了饭店。但他并没有就此放弃，当他再度走进去的时候，富乐先生两手上举，表示投降，无可奈何地说："我真拿你没办法！"后来，他们成了非常好的忘年交，克莱门特在他的饭店里卖报纸，也就不再有什么问题了。

正是斯通百折不挠的精神征服了客人，也为自己赢得了一个理想的卖报纸场所，而这件对于斯通来说相当成功的事情，也深深触动了自己，让他明白，想达到目的，就要百折不挠地去争取。

多年后，已经成为一个"保险王国"老板的斯通，分析自己小时候那次卖报的行动，得出了下面几个结论：

（1）他需要钱。那些报纸如果卖不出去，对于他来说都是一文不值的废纸，因为他看不懂那些报纸，并且当时他急需钱，如果他的报纸卖不出去，他就要把买报纸的本钱赔进去。而这对于6岁大的男孩来说是个非常大的问题，这个问题足以促使他去想办法努力把报纸卖掉。因此，他具有成功所必须具备的"行动激励"。

（2）当他第一次成功地在饭店中卖出三份报纸后，尽管他知道自己再走进饭店，老板一定会再赶他出来，让他难堪，但为了卖报纸，他还是走了进去。三进三出之后，他已经学到了在饭店里卖报纸所必需的技巧。所以，他得到了其中的"方法诀窍"。

（3）他知道他要说些什么，因为他已经学到了一些大孩子的叫卖方式。他所要做的，只是走近一个客人，以较柔和的声音重复说出那些话。他也具有卖报所需要的"行动知识"。

这些技巧，后来被斯通发展成为一套可以获得成功的定律，帮他以及很多人获得了无数的财富。

在推销工作中，想要让自己能够永不失败，如果你能够记着这三项最重要的因素——行动激励、方法诀窍、行动知识，你就能很快获得巨大的进步。

其实在很多时候，我们之所以失败，并不是成功离我们非常遥远，而是我们没有全力以赴罢了。我们不如向小斯通学习，百折不挠地去争取成功吧！

越是畏惧，越应该进去

销售不佳的原因有缺乏销售技巧、欠缺产品知识及行动不足等。但是，如果这些方面都不能解释销售不佳的原因，真正的原因很可能就是胆怯。

进行推销工作的时候，推销员必须愿意自我推销，让别人了解自己的工作，并且争取让他人承认自己的工作。如果一个推销员对向外人展示自己感到犹豫不决，就表明他有自我推销恐惧症。这种胆怯心理大多数推销员心中都会或多或少地存在一些，尤其是当推销员要去一个非常大的机构或者和非常重要的人谈业务的时候。因为压力很大，畏惧的心理就更强烈。但是，如果推销员不能克服这种畏惧心理，这种心理就会限制推销员与潜在客户的交往次数，最终影响推销业绩。

在克莱门特·斯通推销保险的前几年中，每当他走近银行、铁路局、百货公司以及其他大型机构的大门时，都会感到特别畏惧，经常不敢进门。但是后来经过一件事情后，他发现这些地方，蕴藏着更多的商机，更容易获得成功。

斯通19岁时，母亲派他去密歇根州弗林特、沙吉那和港湾市重新签订合约，并向新客户推广。在弗林特一切都很顺利，在沙吉那更为顺畅，每天都推销出很多保险。因为在港湾市只有两个合约要续签，所以，斯通便写信给母亲，请她通知他们缓一点时间去续约，好让他继续在沙吉那工作。但是他母亲却打电话来，命令斯通离开沙吉那前往港湾市。他真的不想去，但还是去了。

或许是出于叛逆心理，斯通在到达港湾市的旅馆之后，便把那两个要续约的人的名片取出来，丢进五斗柜右上角的抽屉里。然后前往一家最大的银行去拜访出纳利德先生。那时，利德先生刚刚被提升为出纳，斯通还不认识利德先生。在谈话过程中，利德先生拿出一块金属识别牌说："我已经买了你们的保险并获得钥匙15年了，以前还在安阿博市的一家银行工作时就买了你们的保险，我最近才调到这里来。"

斯通知道后，谢了利德先生，并请利德先生准许他和其他人谈谈，利德先生答应了。斯通让每一个人都知道利德先生接受他们的服务已经有15年之久，并且还被准许和利德先生谈话，结果大家都买了他的保险。

在这种动力之下，斯通继续下去，挨家挨户地推销。他拜访银行、保险公司和其他大机构里的每一个人。就这样，在港湾市的两个星期里，他平均每天卖出48份保险。这比他挨家挨户地去拜访小商户获得的订单要多得多。

通过这件事，斯通也明白了一个道理：做你畏惧去做的事，去你害怕去的地方，不选择逃避，成功的机会会更多。

的确，逃避就等于错过一次获得成功的机会，要想去推销，就不要去逃避，既然选择了推销这一行，就要无所畏惧，尤其是向大机构推销，其实更要抓住机会，因为这些地方也是其他的推销员所畏惧的，谁进去了，谁就抓住了成功的机会。

况且，大机构里面的管理者和职员对推销员的抗拒程度要比小商号里面的人低得多。此外，成功人士，特别是那些经过自己的艰苦努力从基层一步步走向领导岗位的人都是非常富有同情心且很礼貌的，他们一般不会对你的推销感到厌恶，很多情况下反而会怀着一颗仁慈的心来接纳你，并给你一次机会。多和他们交流，他们是愿意帮助那些努力向上的人的。

打破固有思维，从失败中逆转

有很多刚踏入推销行业不久的推销员，在经过几个月的推销工作后，总是不断碰壁，没有出一点业绩，这个时候，他们会逐渐感觉到迷茫，认为自己不行，便轻易地放弃了推销工作。其实，在刚刚进入推销行业的时候，不能出单，也是正常，因为那是积累时期，如果坚持下来，多找找方法，也许成功触手可得。即便是老推销员也有因为遇到失败而退出推销行业的。

当你在做任何事情的时候，只要你感觉自己能行，并且取得了一次小小的成功，那么就要乘胜前进，即使偶尔遭遇失败，你也完全可以把它逆转过来。而且很多时候，把失败转变为成功，往往只需要一个想法并紧跟着一个行动。

克莱门特·斯通有一个朋友叫奥图·普乐帕，是德国一家大银行的高级人员，但是在纳粹当权之后，他和家人的尊严受到很大打击，最后被关到集中营里，除了身上的衣服，一切财产都被没收了。

第二次世界大战结束后，奥图和家人来到了充满就业机会的美国，好让自己的生活从头开始。当时，奥图已经57岁了，而他还不能维持生计，更没有养老的资金了。在这样窘迫的境况下，他激励自己必须获得成功。他是会计和银行方面的专家，他具有很多诀窍，然而他却屡次碰壁，总找不到一份得以糊口的工作。

在奔波了几个星期之后，他找到了一份周薪32美元的仓库管理员的工作。后来，他利用空闲时间继续求职，目标是继续干他的老本行。在屡次求职失败之后，他发现自己各方面能力都很好，但唯有要求熟练掌握美国银行的专业术语这一条不能过关，而这一条是做这一行业必备的条件，没有一家公司不是这么要求的。就是这个发现使他的命运有了新的转机。

后来，奥图专门抽出时间到一所商业学校学习了这些东西。他的努力得到了回报——他找到了一个初级会计的工作，月薪200美元。进去后他升得很快，从初级会计到会计、财务主任、副总裁兼董事长，几年内便升到了很高的职位。

从奥图的故事中我们可以看出，虽然他拥有那么多的经验知识，但随着时间的推移、环境的变化，自己那套东西暂时被其他因素阻碍住了，如果发现了这个问题就要懂得补救，就要善于掌握其他方法学会改变，而不是抱着原来的方法去一次次碰壁而不知道失败的原因。

　　同样，在推销工作中，每一次的推销都是与众不同的经历，都可能遇到前所未有的困难，但是困难并不可怕，可怕的是遇到困难就畏缩不前，或者不知道寻找方法而一次次遭遇失败。当我们遇到苦难的时候，要主动寻找解决的办法，只有从经验之外的其他来源获得特别的知识，才能更快地抵达目标。你虽然具有行动的激励、方法诀窍和技术知识，足以在事业上取得成功，但如果你要做新的工作，你就需要获得新的知识以应付不断变化的状况。

　　改变固有思维，知道你所需要的东西，并采取行动，这就是奥图能把失败转变为成功的诀窍。

　　一个成功的推销员在遭遇挫折或失败时要能永远不认输，屡败屡战，不仅如此，更重要的还要懂得从失败中寻找一切解决困难的方法，找到实现成功的途径，并勇敢地去争取。

　　第二次世界大战刚结束时，一对夫妇依靠一个小干洗店来维持一家四口的生活，以及应付汽车房屋等贷款。

　　但是，因为经济萧条，他们的生活一下子陷入拮据。为了能够养活家人，妻子想写些报道赚些稿费，因为她曾经在大学里当过校刊编辑。

　　于是，她找到一家报社。在报社负责人听完她的来意后，对她摇摇头说："抱歉，经济不景气。"情急之下这位妻子想出了个主意，决定负责找广告商，然后再写广告刊登到该报社的《购物指南》上，负责人最后同意给她一段时间，但这位负责人并没有对此抱太大希望。

为了生计，这位妻子东奔西走，终于找到了几家广告商，最后，她终于能够领到稿费了，这份收入不但偿还贷款绰绰有余，同时还买下了一辆二手车。

但是，好景不长，在一个阴雨的午后，这位妻子来到客户店收取广告文案的时候，却一一遭到了拒绝。

"为什么？"她焦急地问。

原来这些客户发现瑞塞尔药店的老板——鲁宾·阿尔曼先生没有在专刊上登广告。他的店是本地生意最好的，如果他不肯选择这位妻子负责的刊物，那表示广告效果不大理想。如果他肯跟这位妻子合作，那么其他的药商也会跟进了。

听完之后，这位妻子心情非常沮丧，想起还要偿还贷款，她决定再去找阿尔曼先生谈谈，他是个德高望重的好人，一定会给机会的。其实以前这位妻子已拜访过他多次，他总是以"外出"或"没时间"等理由拒绝约见。

这次，她直接来到阿尔曼先生的药店，发现他正在柜台后面忙着。这位妻子脸上堆满笑容，手上拿着刊有《购物指南》的报纸，走向前向他表示来意："您的意见一向很受重视，可否请您抽个空，看看我的作品，给我一点指教？"

阿尔曼先生听了之后，嘴角立刻往下拉，坚决地摇着手说："不必了。"看着他斩钉截铁的表情，这位妻子的心情像是摔到地上的玻璃瓶碎片，不知如何收拾才好。

她无力地坐在药店面前的红木小吧台前，但又不好意思白坐，于是掏出身上最后一枚硬币，买了杯可乐，茫然地思索着下一步该怎么做。想着自己即将失去这份工作，她的泪水涌上了眼眶。

就在此时，一位满头白发的慈祥老妇人走到她对面，对着这位妻子微笑。这位妻子把事情的原委告诉了她，最后叹了一口气说："但阿尔曼先生二话不说就拒绝了我的要求。"

"让我看看那篇《购物指南》。"她接过报纸，仔细阅读了一遍。看完后，她从椅子上站起来，对着柜台那边，中气十足地喊了一声："鲁宾，过来一下！"原来她是阿尔曼太太！

她要阿尔曼先生在这位妻子的专刊上登广告，他听了脸上立刻换上了笑容。接着阿尔曼太太又帮助这位妻子一家一家地去说服其他几位之前拒绝投广告的商户，最后，这位妻子又获得了这份工作。

后来经过交往这位妻子才知道，阿尔曼先生其实十分古道热肠，只要有人上门拉广告，他皆来者不拒。阿尔曼太太不希望他滥做广告，所以后来他才对谁都摇头。

这位妻子意识到如果当时自己能够多打听一下阿尔曼的情况，就应该先找阿尔曼太太商量了。

这则故事告诉我们，推销员在面对问题时要找出症结所在，只有找到症结所在，才能对症下药解决问题。

不要怕客户拒绝你

做好处理拒绝的准备，是销售员战胜客户拒绝应遵循的一个基本规则。

销售员在走出公司大门之前就要将客户可能会提出的各种拒绝列出来，然后考虑一个完善的答复。面对客户的拒绝事前有准备就可以做到心中有数，从容应付；事前无准备，就可能张皇失措，不知所措；或是不能给客户一个圆满的答复，说服客户。

一位成功的销售员在销售访问之前要做好两方面的准备：一是做好应付客户拒绝的心理上的准备，二是做好针对拒绝内容的策略上的准备。

这是我们从小就听到的故事：宝藏常常藏在什么地方？当然是最难找的地方，而且大多有怪物守着。销售也一样，你要知道，巨大的困难背后，是巨大的收获，况且你所面对的只是客户的拒绝而已，没有怪物。而拒绝你的人中，一部分人将会成为你的朋友，可能拒绝最激烈的那个人，最后会成为你的"贵人"。

客户如果提出拒绝，就说明他对你的产品有点兴趣；客户越有兴趣，就会越认真地思考，也就越会有提出拒绝的可能。要是他对你的一个个建议无动于衷，没有一丝一毫的想法，往往也说明这位客户没有一点购买欲望。

重要的是，成熟的销售员并不把拒绝当作是成交的障碍，而是把拒绝的客户当作朋友。这是销售界一个重要的观念——提出拒绝的客户是你的朋友。的确，如果客户的拒绝没有得到你满意的答复，他就不会买你的东西。客户提出拒绝看起来阻碍了你的成交，但是，如果你能够恰当地解决客户提出的问题，让他觉得满意，那么接下来的便是决定购买——成交。

有一位销售员，为一家公司销售日常用品。一天，他走进一家小商店里，向店主介绍和展示公司的产品，但是对方却毫无反应，很冷漠地对待他。这位销售员一点也不气馁，他又主动打开所有的样本向店主销售。他认为，凭自己的努力和销售技巧，一定会说服店主购买他的产品。但是，出乎意料的是，那个店主却暴跳如雷起来，用扫帚把他赶出店门，并扬言："如果再见你来，就打断你的腿。"

面对这种情形，他没有愤怒和感情用事，而是决心查出这个人如此发怒的原因。于是，他多方打听才明白了事情的真相，原来是店里的产品卖不出去，造成产品积压，占用了许多资金，店主正发愁如何处置呢。了解了这些情况后，他就疏通了各种渠道，重新做了安排，使一位大客户以成本价买下店主的存货。不用说，他受到了店主的热烈欢迎。

你可以看到，这位销售员战胜了挫折，于是他获得了成功。当然，销售员应该明白客户的拒绝不是能够轻而易举地解决的。不过，你在销售时面对挫折所采取的方法，对于你与他将来的关系都有很大的影响。比如，如果根据洽谈的结果，认为一时不能与他成交，那就应设法使日后重新洽谈的大门敞开，以期再有机会去讨论这些分歧。因此，要时时做好遭遇挫折的准备。如果你最后还想得到胜利的话，那么在遇到暂时无法战胜的挫折的时候，你应该"光荣地撤退"，且不可有任何不快的神色。

既然提出拒绝的客户是我们的朋友，我们就应该勇于面对客户的拒绝。这是摆在每一个销售员，尤其是新入行的朋友面前的现实问题。拒绝是客户对销售员的一种本能反应。每一个销售员其实在生活中也是客户，都有过别人向他销售产品的经历，也有过他拒绝别人的经历。但往往我们在销售中被别人拒绝的时候，却忘记了自己也曾拒绝过别人。很多朋友在被客户拒绝几次后，就变得十分沮丧，甚至没有勇气再往前迈出一步。这个时候，是不是该想一想：当别人向你推销的时候，你为什么会拒绝别人？当遭遇客户拒绝的时候，请记住：这是对你的一次考验，如果你坚守阵地，不露惧色，别人的拒绝就会使你本性中最优秀的一面显露出来。无论什么时候你遭到别人的拒绝，就想一想像拿破仑和格兰特这样的人，他们都是在反对和拒绝中崛起的英雄。

面对客户的拒绝，销售员可以这么做：

第一，充分了解自己的产品、价格、交易条件及企业的销售政策，特别是对销售产品的性能、优缺点、使用和维修保养方法等内容必须了如指掌，烂熟在心。做不到这些是销售员的失职。

第二，了解市场动态，掌握同类产品的行情和同行竞争对手的情况，以及自己所销售产品的供求趋势等。因为客户会拿你的产品和你对手的产品做比较，你要想好怎么对他解释。

第三，要对客户的个人情况、交易方单位的销售情况有所了解，并根据自己的实践经验想一想，他们可能会提出什么样的问题，模拟着回答这些问题。

在这方面，编制标准应答语是一种比较好的方法。具体程序是：

第一步：把大家每天遇到的客户的拒绝理由写下来；

第二步：进行分类统计，依照每一个拒绝理由出现的次数多少排列出顺序，出现频率最高的排在前面；

第三步：以集体讨论方式编制适当的应答语，并编写整理成文章；

第四步：大家都要记熟；

第五步：由经验丰富的销售员扮演客户，大家轮流练习标准应答语；

第六步：对练习过程中发现的不足，通过讨论进行修改和提高；

第七步：对修改过的应答语进行再练习，并最后定稿备用。最好是印成小册子发给大家，以供随时翻阅，达到运用自如、脱口而出的程度。

客户提出拒绝的范围是十分广泛的，一般来说，客户拒绝可能涉及的内容，都是你应当了解掌握的。当然，你不可能预测到客户的每一个拒绝，但是用心去做，十有八九你还是能想到的。用点时间储存一些答案，随时备用。

例如：十六年来一直稳坐日产汽车第一销售员宝座的奥城良治，为了卖一辆车准备了100项优、缺点的资料。

遇到不想买车的客户，他列举100种以上没车的缺点来说服他们，例如：

（1）半夜孩子发烧，救护车又不来时怎么办？

（2）您希望孩子羡慕地望着邻居的车子吗？

（3）家人无法一起驾车旅行，问题是否出在一家之主身上？

（4）您不在意因为没有车子而造成日常购物不方便吗？

接着列举购车的各项优点：

（1）半夜孩子发生紧急事故也能自己开车送到医院。

（2）您可以想象孩子欢欣雀跃的表情——他再也不用羡慕邻居的车子了。

（3）明年夏天，你们全家可以享受驾车出游之乐。

（4）开车可以到超市购物，那里产品齐全、新鲜，价钱又便宜，可以节省不少家用。

"今天肯定会成功"

要想成为一名优秀的推销员，要有多次遭到拒绝而不气馁，并坚持不懈的顽强精神。每天早晨要告诉自己"今天肯定会成功"，然后满怀信心地开始一天的工作。不论你遭遇多少次失败，只要你能坚持继续努力、改善，总有一次，会有客户首肯并采纳你的计划。

在日本首席推销员齐藤竹之助刚做推销员的时候，他制订计划准备向五十铃汽车公司开展企业保险推销。所谓企业保险，就是企业为员工缴纳的一种保险费，它包括预备退职金和当职工一旦发生意外时的保障金。可是，那家公司一直以不缴纳企业保险金为原则，并且当时不管哪个保险公司的推销员对其进行产品推销，他们都无动于衷，看来这实在是一个难以对付的公司。

齐藤竹之助想碰一碰这个硬钉子，他想，如果集中攻击一个目标可能会有效果。于是，他选择了总务部长作为对象去进行拜访。但是，对方却总也不肯与齐藤竹之助会面，去了好几次，他都以正在开会或正有客人等为托词，根本就不见他。但是，齐藤竹之助还是继续坚持耐心地拜访。

就这样过了两个多月，一天，齐藤竹之助终于得到了与总务部长见面的机会。走进接待室后，他抑制着自己内心的兴奋，竭力向总务部长说明加入企业保险的好处。紧接着他拿出早已准备好的资料、销售方案，热心地开始予以说明。不料，总务部长刚听了一半就说："这种方案，不行，不行。"然后，就站起身来走开了。

两个多月的坚持就换来了这样的结果，这让齐藤竹之助心中有一股说不出的气愤，他迅速地离开了那里，但他一回到家，就立刻坐下来，绞尽脑汁地反复推敲、修改那个方案。

第二天一大早，为了再次向总务部长提交新的销售方案和参考资料，齐藤竹之助又到那家公司去了。但是，总务部长再次以冷冰冰的语调对齐藤竹之助说："这样的方案，无论你制订多少带过来也没用，因为本公司有不缴纳企业保险的原则。"

齐藤竹之助闻言为之语塞。对方怎么能说出这样的话呢？昨天还说那个方案不行，所以自己才熬了一个晚上重新制订方案，现在却又说无论拿出多少方案也没用……齐藤竹之助几乎要崩溃了，但要成为"日本首席推销员"的信念给了他巨大的力量，同时他也为"能代表公司来搞推销而感到自豪"。

所以，齐藤竹之助一再这样告诉自己：与我谈话的对手，虽然是总务部长，但实际上这位总务部长也代表着这家公司。因此，实际上我的谈判对手是公司整体。同样，我也代表着整个朝日生命保险公司，我是代替朝日公司的经理到这里来搞推销的。而且他坚信：自己要推销的企业保险肯定是对这家公司有益无害的。

这样想着，他的心情渐渐平静下来，说了声"那么，再见"就告辞了。

虽然这次推销失败了，将近三个多月的时间的苦战没有收到订单，但齐藤竹之助没有丧失斗志，他又开始了长期、艰苦的推销访问。从齐藤竹之助家到那家公司来回一趟需要6个小时，一天又一天，他抱着厚厚的资料，怀着"今天肯定会成功"的信念，不停地奔跑……就这样过了3年，前后大约跑了300回，齐藤竹之助终于完成了自己盼望已久的销售。

如果换成你，你能在对方公司根本就不允许的情况下，在根本就没有成功希望的情况下，还能坚持3年，等到成功的那一天吗？也许很多人在一开始就没有勇气向这家公司推销，或者在听到总务部长的话后立刻就选择放弃了。

但是，从齐藤竹之助的身上，我们明白了什么是"一切皆有可能"，所以，当我们在推销中遇到挫折时，当我们认为自己的产品对这家公司绝对是有益处的时候，就坚定信念，坚持下去，一定会有成功的那一天。千万不要被挫折打败，把目光放远一点，抱着必胜的信心，朝着光明的前途勇敢前进。

同时，通过齐藤竹之助的经历，我们也深刻体会到，要想抓住身边的机会获得成功，推销员必须要做到以下几点：

（1）遇事不发火、不性急。

（2）具有坚强的毅力，不屈不挠。

（3）反复研究、修改推销方案。

（4）对本职工作感到自豪。

（5）充分考虑到客户利益。

（6）果断大胆地进行尝试。

只要你能长期这样坚持下去，并不断鼓励自己，告诉自己"今天肯定能成功"，你就离成功不远了。

克服急功近利，坚持到最后

一个销售经理曾经用"50—15—1"原则来激励销售员坚持不懈地努力。所谓"50—15—1"就是指每50个销售电话中，只有15个人有意和你谈话，这15个人里面只有1个人和你成交。没有坚持不懈的精神，哪里来的良好业绩呢？

所以说，对于我们从事销售的人来说，要想自己挖出水，最重要的就是坚持不懈，只有这样才能够喝上甘甜的水。如果选择了放弃，那你就永远和成功无缘。

我曾经跟踪一个客户长达两个月，对方总是不冷不热，我觉得没希望就放弃了。可是不久之后，这个客户的订单竟被一个第一次拨通电话的同事拿走了。原来，那客户准备交易时找不到我的联系电话，就这样，两个月的努力却成就了他人。

很多人会在成交之前就放弃，但若是能坚持不懈，结果一定会大不相同。

当客户冷冰冰地拒绝时，我们面临着极大的考验。毕竟，顺利成交时，我们都会开心；而被拒绝，肯定会不高兴。不断地拜访，得到的只是拒绝，却还要坚持下去，这需要勇气。有时候坚持下去很难，面对客户的无动于衷、冷淡，甚至是冷嘲热讽，面对不可预知的销售结果，需要很强的信心去支撑。

销售是持久战，不能急功近利。据美国推销协会统计，80%的推销个案的成功需要5次以上的拜访，48%的销售员1次就放弃，25%的销售员在第2次尝试后放弃，12%的销售员在第3次尝试后放弃，5%的销售员在第4次尝试后放弃，只有10%的销售员坚持5次以上。这个统计数据告诉我们，通过一次的拜访就达到签单目的的少之又少，从第一次接触到促成签单大约要经历五个步骤，每一次的拜访如能达到一个目的已经非常不错了。科学家在对大量销售员进行研究的基础上得出一个结论：80%的销售员过于急功近利，想一次就促成签单，成功的概率是非常小的，结果就遭到客户无情的拒绝。

销售员需要先定好每一次的销售目的，我们必须非常清楚地明确一点，每一次拜访的目的都是不一样的：礼节性的拜访、产品说明和演示、签单促成、收款、售后服务、抱怨处理、索取转介绍，等等。

销售人员要分步骤走，严格遵守操作流程，这样做虽然在形式上看起来慢，但每个流程进行得很扎实，成功的概率也就大了。

就算失败，也要保持好形象

销售业界流行一句话，那就是"推销从被拒绝的时候开始"。到新客户那里访问如果被拒绝，千万不能泄气，必须安排另外的时间再访问。要想拿到对方的订单，必须不断地努力，单凭一次访问是难以奏效的，一般情况下必须制订长期战略。

再次访问与初次访问主要有以下不同的准备方法及注意事项。

首先，要更开朗一些。

"已经说过不订你的货，怎么又来了！"再次访问就是在这样尴尬的处境下，不是应邀而来而是自己硬着头皮找上门来的。鉴于客户抱有成见和警戒的心理，因此要以比第一次访问时更开朗的心情和对方接触。若你准备不足，情绪则会立刻消沉下来，所以与初次访问相比，心情要更放松一些。

通过第一次访问，对对方的性格、兴趣及嗜好已有所了解。再次访问之前要积极主动地准备一些适合对方性格、兴趣及嗜好的话题。面谈时要尽量回避对方不喜欢或不开心的话题，使对方先入为主的想法——"那小子一定是副垂头丧气的样子"（因上次来时吃了闭门羹），转变为"这小子看来还挺开心的"。

其次，访问过程中要具有弹性。

初次访问时若毫无结果，则这次访问应改变策略，以闲谈聊天为主。销售员一边与客户闲谈一边要细心地察言观色，这样一来可以搞清楚对方讨厌、忌讳的言行及容易使对方喜欢的接触方式，并以此修正今后访问时的措辞和交际方法等。此外，弄清楚对方喜欢吃什么，下次再来时带的礼品或宴请时即可采取使对方满意的措施。

在时间方面，除非对方诚心诚意地说"咱们慢慢谈吧，不必急着回去"，一般来说要速战速决。不仅是再次访问，其他情况也是如此，即使事先约定的时间比较长，但看到对方很忙，就要识趣地早一点告辞。相反，若约定仅和对方见一见面即可，但对方有兴趣想多交换一下意见时，不妨多待一会儿。道理虽很简单，但实际上不少销售人员还是做不到这一点。尤其是对一些不想订货的客户千万不要一去就赖着不走。

和客户接触绝不能光凭自己的热情或站在自己的立场上看问题，必须把握对方的心理，顺应对方。不要千篇一律，要具有弹性。作为一名专业销售员必须融会贯通这条基本规律。

再次访问的内容不仅是推销产品，还要千方百计地"推销"自己，使客户买你的账或对你抱有好感，进而达到销售产品的目的。

如果客户推说正在接待来访者或正在开会不能接待时，你只要诚恳地对接待人员说："下次请给我一个见面的机会，哪怕时间很短也行。"如果你诚心诚意的话，接待人员一定会将你的意思转达上去的。

经过多次访问之后可分为两种情况：一是交易成功买卖做成；二是虽有希望但总是欠缺临门一脚。虽说可以打持久战或消耗战，但费了九牛二虎之力还是攻不下时该怎么办呢？

在这种情况下不要轻易地自作主张，可以将情况报告你的上司，大家一起研究对策。

在讨论会上，销售员要把有关情况如实地报告，并且充分直率地提出自己的意见，如果报告得不完全往往会导致上司判断错误，反而误了大事。

报告不完全的结果大致是下列四种情况之一：

（1）断定对方不可能订货（中止访问）。

（2）给对方优惠条件（价格及其他），继续进行交涉。

（3）上司给予帮助（一起去访问）。

（4）像往常一样继续访问，以待时机。

上述对策一旦确定下来之后，销售员就要不折不扣地去执行。

有时销售员尽管尽了最大的努力，但仍然摆脱不了希望落空的厄运，这是经常有的事。

销售员费了九牛二虎之力如果没有拿到一份订单的话，情绪一定很低落。如果被对方看出自己那副失魂落魄的样子会非常不利于下次再拜访。不要幻想对方会同情你，你的那副尊容与其说会使对方同情倒不如说会使对方小看你，对方会因此而不想再接待你。所以心里虽然不高兴，但表面上应故作镇静，开朗自若，千万不要哭丧着脸像别人欠你钱似的。

买卖不成友情在，道别是很重要的表达友情的手段。千万不要变脸，应保持原来的那副和蔼可亲的表情，一边收拾整理资料，一边还要再说上几句恭维对方的话，这样一来，你那不气馁的态度会给对方留下深刻的印象。

告别时恭敬地说，"在您百忙之中打扰您，真不好意思""下次还请您多关照"之类的话，和对方握手道别。离开接待室的路上遇见其他员工时也要一边点头告别，一边说"打扰了""再见"等客气话。

客户的拒绝使你明白，即使挖空心思地用和蔼可亲的语调与对方会谈也可能空手而回。当你走出客户的大门时，大概会痛感现实的残酷吧，不过你千万不要灰心，因为今天的失败有可能为明天的胜利播下希望的种子。

佛学里常说"当下即是"。意思是说，"当下"的事物都是难能可贵的。所以，人应该对任何事物都存有感恩之心。只要培养出这种心态，就能开发出难能可贵的智慧来。销售员被客户

"无情"地拒绝，就应以"当下"的精神去感悟。

既然眼前的所有事物都是难得的，那么客户说"我不买你的东西"也是难能可贵的，同时能与对方见面更是可贵的！

向一个连橘子都吝于与人分享的人说谢谢，使对方感到心情愉快，也许他就会分给你一个橘子。当你接受他的橘子时，以得到10个橘子的感激之情向他致谢，也许他又会再给你一个。

人总是对于别人诚恳的谢意感到受之有愧，总是要想办法回馈给对方。所以，"心存感谢之情"是遭受客户拒绝时，一个专业销售人员应持有的心态。

CHAPTER 5

同理心：把话说到客户心里去

在销售中，高情商者能够通过思考他人的想法，想象他人的感觉，来把握他人意欲行动的方向，进而达到增进情感、促进交际、营造和谐稳定的人际关系的目的。

用同情心对待客户

在销售过程中提高情商也意味着能提高客户对产品的关注度。美国新生代惊悚小说大师迪恩·孔茨说："有些人只考虑智力的重要性：知道如何去解决问题、知道如何渡过难关、知道如何识别优势机会并牢牢抓住它。但是，如果没有同情，智力的作用是不够的。"

这里的同情是指把自己放在别人的立场上，这是一种非常重要且有效的销售手段，因为大多数人都希望别人能够同情自己和自己的处境，这种销售方式能够有效地增进销售人员与客户之间的亲密关系，形成良性互动的动态。

虽然当客户向销售人员抱怨的时候，有许多销售人员在精神上都会同情自己的客户，但需要注意的是，仅仅是心理上的同情还不够，推销员还需要向客户用清晰的语言明确地表达对客户的同情之心。

把同情之心转化成语言，向客户表达你的关心，表达你和他们的一致立场以及你对他们的理解、尊重和欣赏，这样推销员的关心传达到了客户那里，客户就会感觉自己得到了他人的支持，就会与你拉近距离，就会对你产生良好的印象。

　　一位客户在购买鞋子的时候，告诉销售员，他曾在开始跑步的时候不幸遭遇外径夹。外径夹通常是由磨损的鞋子所造成的一种伤害，非常疼。他在准备换掉鞋子的时候，指着受伤的地方，告诉销售员是怎么受伤的，并提出了对所买的鞋子的特殊要求。这个销售员非常同情这名客户，主动蹲下来详细地看了客户的受伤处，然后，他稍加思索一下，便走进柜台，翻找鞋箱，找了快20分钟的时间，这个销售员终于找到了一款鞋子，他非常高兴地对客户说："您看这双鞋特别适合您，虽然现在样子有些不流行，但为了保护脚，我建议您使用这款鞋，否则，您的脚又疼了。"客户听了销售员关切的语言，非常感动，不住地夸奖这个销售员是好小伙，销售员接着又详细地介绍了鞋子的材质，最后，客户满意地带着这个销售员介绍的鞋子走了。

　　在服务过程中，如果客户对产品不满意，也可以用同情方法。比如，当一个客户要退还次品的时候，心中一定非常愤怒，也很沮丧，感觉自己很倒霉。但当客户开始用言语攻击的时候，服务人员的第一反应通常都是："我只负责销售，不负责生产。"要么就是："是的，这一款的退货率都很高。"像这样的话一说出来，不仅不会起到化解客户内心烦躁的作用，还会让客户更加愤怒，起了火上浇油的负面效果。其实，在这种情况下，对客户表示同情会比较有利于事情的解决。你可以这样说出来："您有权感到沮丧，我也能感同身受。我来看看能给您什么帮助。"

用同情心的方式，能够让客户分散对矛盾的关注，缓解客户的敌对情绪，从而有利于客户恢复理智，然后再与之进行积极的沟通，就会对完美解决问题起到良好的作用。

几年前，有一位司机收到一张停车罚单。当他仔细阅读过罚单之后，他发现罚单上面的街名写得不对。于是，这位司机开车到城市财政部门，跟他们理论这个错误。当工作人员问他是否想拒交罚单的时候，他回答说是的。而这名工作人员的回答是："如果您想拒交罚单，您就必须对簿公堂。"当这位司机继续询问有关问题的时候，这名工作人员就一再重复这句话。不管司机说什么，这名工作人员都是重复相同的内容。毫无疑问，司机的心情由此越来越坏，沮丧到了极点。

其实，这名工作人员可以这样说："先生，我能理解您此时沮丧的心情。但很遗憾的是，我对此也无能为力。像这样的情况，如果您对执法警察有微词的话，这件事则必须通过法庭来解决。"如果他对司机表示真正的同情，这么说的话，司机就可能痛快地缴纳10美元罚金了。

总之，在销售过程中，无论我们的客户表现出什么样的顾虑，都应该首先表示同情，让对方先接受自己，然后再根据情况酌情向客户阐述自己的观点，以求得和客户达成共识。在表达同情的时候，可以使用这些语言：

　　"我理解您的感受。"

　　"对您的关心，我表示感谢。"

　　"我尊重您的决定。"

　　"我明白您为什么会那么想。"

　　"我经历过，所以我知道您的感受。"

　　"您说得对，这是一项重要投资。"

　　"您不是说这话的第一人，其他人也说过同样的话。"

　　"这不是我第一次听说。"

　　"您说的话我都听进去了。"

　　"我明白您的意思。"

　　所有这些话语都表明你理解客户，你可以根据每个客户的特定目标来调整这些话的内容。

　　当然，对客户表达同情还可以用肢体语言，比如，一个同情的眼神，同情地拍拍客户的肩膀，等等，都能够让客户感受到你的同情心。

　　表达的方式有很多，但要注意根据场合酌情使用，并且传递的信息要明确，不要让客户产生歧义。

在对方角度提出建议

"站在客户的立场上做推销",是销售大师布莱恩·崔西最重要的推销原则之一。

其实,有不少推销员这样对客户说:"先生,我会尽量站在你的角度来做这件事情,为了提供正确的建议给你,我需要你更多的个人资料。"而当客户提供资料后,他们却只是说:"这种情况下,我会建议您应该……"

虽然,推销员说是站在客户的角度考虑问题,但是,推销员后来的言行却又说明他根本没有站在客户的角度考虑问题。

张先生去某家饭店就餐的时候,总会遇到那个"爱说大话"的老板,这位老板一直夸自己餐厅的菜好吃,是正统佳肴,做法精湛,美味超群,还详细解释那道菜是怎么做的,这道菜要怎么吃……谁谁谁都是座上嘉宾……

后来有一次,张先生又听到店老板夸耀自己的美食,他实在忍不住了,对他说:"好吃是客人说的,不是自己说的。"

这家店老板喋喋不休,打扰了客人的进食与谈话,招来客人的反感。其实如果是好东西,顾客吃一下就会知道,如果一道菜一尝就不好吃,说烂了嘴也不会变成美味佳肴的。

你是否问过自己,如果你是一位顾客,你会不会同自己做生意？如果你能找出这个问题的答案，那么你就能解答大部分顾客的问题。如果店老板能谦虚点，多询问客户各种菜品的味道如何，站在客户的角度考虑问题，客户不仅会欣然提出自己的建议，还会对这家店产生亲近感。这样一来，不仅店老板自己不用费口舌，做菜水平还能得到提高，而客户不仅不会少，还会更多。

所以，要想拉拢住客户，要多询问客户，站在客户的角度考虑问题。否则，不仅不会让客户产生好感，还可能会招来客户的反感，甚至伤害客户的自尊心。

比如，如果你是个化妆品推销员，在交流的时候，你可以针对客户脸上的问题表现出对对方的关切，你可以关切地问对方："你最近是不是肠胃有些不好，你脸上的粉刺已经长了两三年了吧？"这些话，说到了客户的心里，客户自然会对你产生崇敬之情，并且开始有些信任你，客户可能说："的确肠胃不太好，粉刺也已经起了很长时间了。"这时候，你可以关切地给对方提出一些建议，并说上一句："自己要好好保养身体，身体是革命的本钱。"对方听了，一定会非常感激。当然，前提是你一定要真的懂些化妆品。

但是，如果你说话不考虑对方的感受，说："怎么你的鼻子看起来像个草莓？"也许你说这句话的时候，是因为你和客户已经非常熟悉，但是，这样的话也让对方听着不舒服，尽管是关心客户和出于善意，但效果却恰恰相反。

另外，站在客户的角度考虑问题，还体现在能够在客户面前说："如果我是你……"提出一些有见地的意见。但想要说出这句话的前提是要充分掌握了与客户有关的资料。

一个真正优秀的推销员会事先搜集客户的详细资料，掌握客户的一切信息后，再经过详细规划，然后与客户见面时会这样说："先生，如果我是你，你知道我会怎么做吗？"自然地，客户就会问："你会怎么做？"这时推销员就可以从客户的立场进行充分的说明，协助他做最终的决定。

崔西·布莱恩在拜访客户时，经常把客户的资料摊在他们面前，简单地说："先生，如果我是你，我会这样做的。"只要他的提议合乎逻辑，这种方法从未失灵过。并且，当他为客户节省了一笔不小的开支后，他会充分获得客户的信赖，他也会因此拥有更多的客户。

在崔西·布莱恩早期的推销工作中，有一位先生曾经坚持要买两份同样的投资标的，一份在他的名下，另一份给他太太。崔西·布莱恩遵从他的要求，但在当天晚上，当他输入客户资料时，却发现两份单独的投资计划合计的费用要比将两份投资计划合并成一份计划的费用高出许多。

第二天一早，崔西·布莱恩立刻跟这位客户联系，并向他说明，如果这两份投资能合成一份的话，至少可以省下20%的费用。客户非常感激崔西·布莱恩，并且接受了这项建议。

客户并不知道崔西·布莱恩的佣金因此而大减。多年以来，这位客户对他的好感依然没变，而他的佣金损失，早就通过这位客户所介绍的其他客户得到了更多的补偿。

主动站在对方的角度考虑并提出问题，可以更深层次地让客户信任你，而你也能得到更多的潜在讯息。将客户的需要摆在第一位，这是每个推销员都明白的道理，但未必每个人都能做到。如果你能在说话的时候让客户感觉到，你是真心喜欢他们，并为他们的利益着想，那么你的推销生涯将会无往不利。

做令人信赖的专家、顾问式销售员

一个人要是地位高，有威信，受人敬重，那他所说的话及所做的事就容易引起别人的重视，并让他们相信其正确性，即"人微言轻、人贵言重"。"权威效应"的普遍存在，首先是由于人们有"安全心理"，即人们总认为权威人物往往是正确的楷模，服从他们会使自己具备安全感，增加不会出错的"保险系数"；其次是由于人们有"赞许心理"，即人们总认为权威人物的要求往往和社会规范相一致，按照权威人物的要求去做，会得到各个方面的认可和赞许。

人们对权威的深信不疑和无条件地遵从，会使权威形成一种强大的影响力，利用这种权威效应，可以在很大程度上影响和改变人们的行为。

在现实生活中，"权威效应"的应用很广：如许多商家在做广告时，高薪聘请知名人物做形象代言人，或者以有影响的机构认证来突出自己的产品，以达到增加销量的目的。在辩论说理的时候，我们也经常会引经据典，引用权威人士的话作为论据，以增强自己的说服力。利用"权威效应"能够帮助我们比较容易达到引导或改变对方态度和行为的目的。

在"权威效应"的影响下，行家的引导力是非常大的。现实生活中，人们往往喜欢购买各种名牌产品，因为它有明星的代言，有权威机构的认证，有社会的广泛认同，这样可以给人们带来很大的安全感。还有学生们在购买参考书和练习试题时，也是选择有名的出版社，著名的教授学者出版或推荐的，因为与其他的参考资料相比，从权威这里获得的提高和好处会更多。这就是在销售与消费中，"权威效应"起到的巨大影响力。因此，如果销售人员能够巧妙地运用权威的引导力，则能对销售起到很大的促进作用。

　　小张是做防盗门推销工作的，一次，他打电话约见一位客户，客户要求小张9点钟准时到自己家，并带上详细的产品资料。从电话中，小张感到客户要求比较严格，是一个难以应对的人，所以做好了比较全面的准备。

　　事先有了一定的心理准备，小张到了客户的家里并没有太紧张。在向客户做产品介绍的时候，小张长了个心眼，说得特别详细，在客户询问时也回答得比较有条理，还把客户的意见用小本记了下来。这一点让客户很满意，觉得小张是一个细心稳重的人。

　　但是在交谈中，小张还是发现客户对自己的产品有很多怀疑，不能够完全相信，于是，小张就向客户提供了一份关于产品的市场调查报告。使他了解自己产品的真实销量，这一点小张很自信，因为防盗门的销量确实很好，对客户也很有说服力。此外，为了让客户深信不疑，小张更是拿出产品的认证证书，以及很多在国际获得的奖状，还有权威专家的推荐，这一套攻势下来，客户终于消除疑虑，很放心地购买了他的产品。毕竟有那么多权威的推荐和认可，自己也没有什么不放心的了。

　　在现实生活中，权威会对人们的言行产生很大的影响，而且权威代表着社会的认同，代表着绝大多数人的意见。这样，在其强大的影响力下，人们会变得很顺从，而不敢对权威发起挑战。

在销售活动中，利用权威的威慑力和引导力，确实会对人们的消费选择产生很大的影响，销售人员要正确而合理地运用这种优势，绝不能贪图眼前利益，弄虚作假，以此来欺骗客户，否则必然会事与愿违。

几乎所有的消费者都喜欢专家、顾问式的销售人员。对销售人员来说，你所掌握的知识以及信息，与客户对比起来，是极为不对等的，你的专业程度远远超过客户。所以，你需要向客户提供的帮助，并不仅仅是卖掉产品这么简单，而是应该让产品在客户的生活与工作中发挥最大限度的作用，并且让客户感觉这笔付出是物超所值的。

那么，怎样让自己成为专家销售人员呢？

第一，深入了解产品和技术，做到可以随时为客户提供正确的支持，这是基本素质；

第二，了解你的目标客户，具备甄选与分析客户的能力，根据不同的客户类型，有针对性地提供合适的服务方案；

第三，增加与客户的亲近感，消除陌生客户的抗拒心理，把握最适当的时机，说服客户主动购买；

第四，销售时，做到有效地开场，有条理地询问，真诚地倾听，专业地介绍，策略性地谈判，能够与客户坦诚相对；

第五，不仅能成为客户的顾问，还能成为客户的朋友。

如果你能领会这些，并掌握相关的销售服务技能，你就会无往不胜。

好口才激起客户的购买欲

一流的销售人员都有良好的语言表达能力，在介绍产品时语言清晰、简洁、明了、准确适度、入情入理、亲切优美，才更能打动客户，激发起客户的购买热情，形成良好的销售气氛，达到销售的目的。

产品要好看才能好卖，销售人员要会说才能有大客户。销售人员更要有一张"会唱歌的嘴"。当然，这并不是提倡欺蒙客户，而是要巧妙地利于语言魅力与客户打交道。

美国的新泽西州与宾夕法尼亚州是相邻的两个州，为了降低机动车的保险支出，两个州都制定了相应的法律。制定法律的原则是，假如驾车的人放弃对某些交通事件的起诉权，就可以少交纳一些保险费。但两个州法律的表达方式却截然不同。

宾夕法尼亚州的规定是：要拥有所有交通事件的起诉权，除非另外声明。

新泽西州的规定是：要自动放弃某些交通事件的起诉权，除非另外声明。

在新泽西州，有80％的人选择有限起诉权，而宾夕法尼亚州只有25％的人做同样的选择。

为什么出现这样的结果？仔细研究一下，这两种说法的意思是一样的，但是结果截然不同。一个是假定拥有完全的起诉权，可以声明只要求有限起诉权，那样可以少交钱。另外一个说法是：假定现在拥有的就是有限起诉权，有权获得完全起诉权，但需要声明才能获取，并且需要交钱。比较而言，人们更倾向于选择不交钱的那一种方案。

所以，说话是一门艺术。同一个意思，表达方式不同，结果就不同。销售人员一定要明白这个道理，然后才能运用到工作中。虽说人们购买产品是为了实用，但外观、造型、包装等并非不重要。

在现代商业竞争日益激烈的情况下，后者更显重要。只有让客户看起来舒服的产品，才能引起客户的购买欲。

古时候，有个卖宝珠的人，给宝珠配了一个雅致的盒子，这样很快便将珠子卖掉了。有趣的是，买宝珠的人把盒子留下，而将珠子还给原来的卖珠人。这便是买椟还珠的故事。这个故事从销售的角度来看，突显了外观、装潢的作用。装潢好了，还要看销售人员的嘴，要做到说的比唱的还好听，这样才能促使交易的成功。

　　有一家钟表店，出售一块造型过时的手表，这种手表已多年不再生产了。有一天，恰巧来了一对夫妻，丈夫给妻子买表。妻子眼睛近视，需要手表时针和分针都很粗大，且颜色与表面反差要大，刚好这块手表符合这些特点，只是造型过时了些。丈夫否定了这块表，刚要走，卖表人拉住了他，对他说："这块手表外形的确有点过时，但时钟分针粗大的设计对你妻子却很合适，你错过了我们这个店，就买不到了！"丈夫觉得卖表人说得有理，便买了这块手表。

　　很显然，如果不是这个卖表人会说话，这个生意肯定泡汤了。能言善辩，说话中听，是对销售人员的一种素质要求。

　　销售人员主要的工作是为了销售产品，可是得罪客户了，就肯定不会买你的产品。所以，只要不欺骗客户，会说话就是一门艺术，能让不顺耳的建议顺耳，让不满意的客户满意。打个比方说，一位妇女身材很胖，她要买一双高跟鞋。如果直接说：你这么胖还穿高跟鞋！她听了肯定会生气。可是如果巧妙地说：你的脚比较丰满，中跟鞋会更稳当，她不一定会生气。同样一个事实，同样一个意思，她听起来就舒服多了。

　　很多销售人员简单地认为好的语言表达能力就是滔滔不绝，事实上并非如此。判断销售人员是否具有好的语言表达能力，要从他的语言的说服力上分析。销售的核心目的是说服，说服力的强弱是衡量销售人员水平的标准之一。很多时候滔滔不绝不但不能说服客户，还有可能引起客户的反感，真正的说服需要技巧。那些真正具有说服力的销售人员并非都能口若悬河，只要掌握方法，一个说话结巴的销售人员都能够具有超强的说服力。

要想成为具有说服力的一流销售人员，应该避免消极的语言，要给客户积极的影响。具有说服力与感染力的语言，首先必须是积极的。

很多销售人员不太注意这一点，在销售过程中总得不到客户的热烈响应，一位机器设备销售员在回答客户有关产品性能方面的问题时是这样回答的："胡总，您说的问题确实存在，这对您的使用不会造成很大的影响。"后来那次销售没有成功。几天后，另一位推销同样机器的销售员也来拜访胡总，面对同样的问题，这位销售员是这样回答的："胡总，我保证您今后几年都会因为购买了我们的产品而高兴的！易于操作、功率强劲一直都是这款机器的特点！"最后这位推销人员成功了。

从逻辑上说，两名销售员想表达的意思是相同的，但是因为前一位使用了消极的语言所以失败而归，而后一位使用了积极的语言而取得了成功。

不管面对的是怎样的客户，也不管所处的环境如何，如果有积极的词汇可以选择，那么就要避免消极词汇出现。销售人员要说"这种产品真的不错"，而不要说"它绝对不会出差错"；要说"我们能为您提供更加全面周到的服务"，而不要说"和我们合作您就不必再担心合作伙伴不能履约为您带来的损失"。

销售员要想成功地实现销售，一个至关重要的环节就是首先用自己的言谈来吸引客户的注意力，使客户对推销的对象产生兴趣，进而才有可能说服客户，并促使其最终做出购买的决定。在推销的过程中，应该想方设法通过短暂的接触和谈话来博取对方的好感，也就是要充分展示自己的口才魅力，这是进行成功销售的一个必要前提。

日本著名推销大师原一平，在打开推销局面、取得客户的信任上，有一套独特有效的口才技巧：

"先生，您好！"

"你是谁啊？"

"我是明治保险公司的原一平，今天我到贵地，有两件事专程请教您这位附近最有名的老板。"

"附近最有名的老板？"

"是啊！根据我调查的结果，大家都说这个问题最好请教您。"

"哦！大伙儿都说是我！真是不敢当，到底什么问题呢？"

"实不相瞒，就是如何有效地规避税收和风险的事。"

"站着不方便，请进来说话吧！"

先适当地恭维客户一番，再根据自己的推销需要，提出相关的问题，就能够比较容易地获得对方的好感，那么，随后的推销过程就会顺利很多。

总的来说，销售人员说话，一是要准确、得体、热情；二是要善于以褒代贬；三是要委婉文雅有礼貌；四是要简洁、中肯、客观。这就是销售人员要掌握的语言能力。

会说的同时还要会听

教育家卡耐基说："做个听众往往比做一个演讲者更重要。专心听他人讲话，是我们给予他人的最大尊重、呵护和赞美。"每个人都认为自己的声音是最重要的、最动听的，并且每个人都迫不及待地想表达自己的愿望。在这种情况下，友善的倾听者自然成为最受欢迎的人。

倾听不仅体现着一个人的道德修养水准，而且关系到能否与对方建立一种正常和谐的人际关系。而不会倾听不光会让我们显得无知、无礼貌，往往还会导致错失良机。

有一次，法兰克和另一位销售员去见弗朗西斯·奥尼尔先生。奥尼尔先生讲话不多，但为人精明。他早年从事纸张推销，经过多年奋斗成为纸张批发商，后来又开办造纸厂，成为纸张生产与批发业中的领袖级人物。

彼此寒暄几句后，进入正题。一开始，法兰克向奥尼尔先生讲解他所拥有的产业与税收之间的关系，可他低着头，不看法兰克一眼。法兰克看不到他脸上的表情，连他是否在听也无法知晓。于是，法兰克只讲了3分钟便停了下来，靠在椅背上等着，接下来是尴尬的沉默。

法兰克那位同事如坐针毡，难以忍受沉重的静默。他担心法兰克失败，便急于想打破僵局。可他正准备说话时，看见法兰克在摇头，便明白了法兰克的意思，没有开口。

这样窘迫地又沉默了一分钟。奥尼尔抬起了头，法兰克没理他，只是悠然地倚在椅背上等他开口。

彼此对视，良久无语。法兰克知道自己必须沉住气，只要等的时间足够长，对方总要先打破僵局。

奥尼尔终于开口了，他平日不善言谈，这次却说了足足半个小时。他说的时候，法兰克尽量不插嘴。

等他说完了，法兰克说："奥尼尔先生，您讲的话对我很有帮助。您告诉我这样一个事实：您比大多数人都有思想。最初，我来的目的是想帮您这位成功人士解决问题，通过与您的交谈，我明白您已经花了两年时间来准备解决这一问题。尽管如此，我还是很乐意花些时间帮您更好地解决这些问题。我下次来时，一定会带来一些新的想法。"

此次见面的开局不好，但结尾却令人满意。奥尼尔对法兰克认真倾听的谦虚态度及独到见解留下了好印象，后来双方终于达成了几百万美元的合作项目。

在与别人交谈时，销售员一旦发现对方对自己所说的话心不在焉时，应立刻打住，哪怕所说的话至关重要。所以，保持适度的沉默是销售员应该掌握的成功技巧之一。因为销售员更应该是一个善于倾听的人。一旦说明了意图，销售员就应当闭上嘴巴，等待客户提问，尽快弄清客户的需要，这样才能做到有的放矢，取得交易的成功。

很多人认为，倾听不过是一种最基本的沟通手段而已。事实并非如此简单，倾听不仅是一种沟通的手段，更是一种礼貌，是尊重说话者的一种表现，是对说话者的最好的恭维。专注倾听对方说话，可以使对方在心理上得到极大的满足。

杰尔·厄卡夫是美国自然食品公司的推销冠军。这天，他像往常一样将芦荟精的功能、效用告诉给女主人，但女主人并没有表示出多大的兴趣。

厄卡夫立刻闭上嘴巴，并细心观察。突然，他看到女主人家的阳台上摆着一盆美丽的盆栽，便说："好漂亮的盆栽啊！平常真是很难见到。"

"没错，这是一种很罕见的品种，叫嘉德里亚，属于兰花的一种。它真的很美，美在它那种优雅的风情。"女主人听到厄卡夫对自己盆栽的赞美，便来了兴致，说道："这个宝贝很昂贵的，一盆就要800美金。"

"什么？800美金？我的天哪！每天是不是都要给它浇水呢？"

"是的。每天都要很细心地养育它……"

于是，女主人开始向厄卡夫讲授所有与兰花有关的学问，而厄卡夫也聚精会神地听着。

最后，女主人说："就算我的先生也不会听我唠唠叨叨讲这么多，而你却愿意听我说了这么久，甚至还能够理解我的这番话，真是太谢谢你了。希望改天你再来听我谈兰花，好吗？"随后，她爽快地从厄卡夫手中接过了芦荟精。

客户在和销售人员交谈时，都希望销售人员能够耐心地听自己倾诉。一个不懂得倾听，总是滔滔不绝、夸夸其谈的销售人员不仅无法得知有关客户的各种信息，还会引起客户的反感，导致推销最终失败。无论怎样，要想成为一名成功的销售人员就应当谨记，在客户兴高采烈地谈论的时候，最好做一名忠实的听众。

当你这么做的时候，你会发现客户已大大提升了对你的认同度。

一般情况下，只要有一个谈话的机会，大多数人都不太愿意听别人说话，而是喜欢让别人听自己说话。还有一种常见的现象是，大多数人喜欢谈和自己有关的事，而不是和对方有关的事情。

可是在推销过程中，绝大多数的时间是销售人员在说，客户只有很少量的说话时间。因此，这样的销售人员总是业绩平平。而那些经验丰富的销售人员，通过实战总结出了一条规律：如果你想提高业绩，就要将听和说的比例调整为7∶3，即70%的时间让客户说，你倾听；30%的时间让你用来发问、赞美和鼓励客户说。

拉近心理距离才能赢得客户

在销售过程中，销售人员必须认识到客户渴望得到关注的心理，并且要在沟通过程中适时适度地表达对他们的关心和体贴。

《世界最伟大的销售员》一书中有这么一段话："我要爱所有的人。仇恨将从我的血管中流走。我没有时间去恨，只有时间去爱。现在，我迈出了成为一个优秀的人的第一步。有了爱，我将成为伟大的销售员，即使才疏学浅；也能以爱心获得成功；相反，如果没有爱，即使博学多识，也终将失败。"

一名好的销售人员应天性上就倾向关心他人，也一直在试图让别人快乐。如果你能让客户或潜在客户感觉到，你是真心喜欢他们，关爱他们，也很敬重他们，那么你的销售将会无往不胜。

乔·吉拉德是世界上最伟大的销售人员之一，他在15年里卖出13 000辆汽车，最多的一年竟卖了1 425辆，他的成功，应该归功于他用关怀温暖了周围的每一个人。

有一次，一位中年妇女走进他的展销室，她说想在这儿看看车打发一会儿时间。闲谈中，她告诉乔·吉拉德她想买一辆白色的福特车，就像她表姐开的那辆一样，但对面福特车行的销售人员让她过一小时后再去，所以她就先来这儿看看。她还说这是她送给自己的生日礼物："今天是我55岁生日。"

"生日快乐！夫人。"乔·吉拉德一边说，一边请她进来随便看看，接着出去交代了一下，然后回来对她说，"夫人，您喜欢白色车，既然您现在有时间，我给您介绍一下我们的双门轿车——也是白色的。"

他们正谈着，女秘书走了进来，将一束玫瑰花递给他。他把花送给那位妇女："祝您长寿，尊敬的夫人。"

显然她很受感动，眼眶都湿了。"已经很久没有人给我送礼物了。"她说，"刚才那位福特销售人员一定看我开了部旧车，以为我买不起新车，我刚要看车他却说要去收一笔款，于是我就上这儿来等他。其实我只是想要一辆白色车而已，只不过表姐的车是福特，所以我也想买福特。现在想想，不买福特也可以。"

最后她在乔·吉拉德这儿买走了一辆雪佛兰，并写了张全额支票。其实从头到尾乔·吉拉德都没有劝她放弃福特而买雪佛兰。只是因为她在这里感受了重视和关心，于是放弃了原来的打算，转而选择了乔·吉拉德的产品。

可见，销售人员付出真心，让客户感受到他的关心，就能赢得客户。所以，任何一位不愿意失去成交机会的销售人员都要拥有一颗爱人之心，努力营造彼此友善相处的良好沟通氛围，这样才会在销售中战无不胜。

爱是这个世界所有人都无法拒绝的。销售人员在事业的拓展中，对待客户要有爱心，也许客户会拒绝你的产品，但不会拒绝你的爱心和关心。人们常说："爱心有多大，事业就可以做多大。"所以说，销售人员必须是充满爱心的人，你要爱你的产品、爱你的客户，这样你才能得到客户的回报。对客户和周围事情冷漠、无动于衷的人，是当不了销售人员的。人人都需要关心，如果你还没有开始关心客户，那么就从现在开始吧，因为关心永不言迟。

给客户最想要的东西

　　每个人都有自己潜在的需求，只有你给对方他想要的东西，他才能给你你想要的。

　　英国的政治家阿瑟鲍尔弗在第一次世界大战后来到美国，也曾采取了这种方法来表示自己的友好。他在大庭广众之下称颂着美国的发达，称颂着美国人民，赞美美国的天气；他常常把民主挂在嘴边，并且常常说一些笑话；出门时驾驶着一辆自由式汽车，以表明他是信奉民主主义的；他也像威尔逊一样，说他喜欢看侦探小说；在集会中，他的演说从一开始就告诉听众，他与他们一样，是一个自由集会中的一员。当然，阿瑟鲍尔弗在美国各处都受到了欢迎。

　　威廉·里格里——如今已经是一个拥有数千万家产的大实业家了——然而当他刚开始做销售员的时候，他也采用这种策略去从事他毕生的事业。他曾经这样讲过：无论我到什么地方去推销货物，我必定会先打听一下这个地方的一些风土人情以及人们的生活习惯，并用他们的本地话去和那些生意人交谈。

　　譬如说：当他向加拿大人推销肥皂的时候，他每到一家商店，总会拍着他的箱子说道：Jovan Min-era。这是他所知道的关于这种矿质肥皂的唯一的法文了。说了这个字以后，他就接着说起了英语。但是这简单的两个字居然也产生了巨大的效力，那些生意人都因为听到了他们自己的家乡话而高兴。这种微小的礼貌，其他的销售员就很少能够有意识地去运用。

给客户想要的东西，就要了解对方最需要什么，最在乎什么。每个人都会因其个性、环境的不同，有着各种不同的欲望、偏好。这个欲望偏好也就构成了他的心灵缺口，心灵缺口是最容易被攻破的壁垒。只要抓住一个人的心灵缺口，就能够找到打动这个人的办法。

纽约某大银行的理查斯·威尔斯奉上司指示，秘密进入某家公司进行信用调查。正巧威尔斯认识另一家大企业公司董事长，这位董事长很清楚该公司的行政情形，威尔斯便亲自登门拜访。

当他进入董事长室，才坐定不久，女秘书便从门口探出半头对董事长说："很抱歉，今天我没有邮票拿给您。"

"我那12岁的儿子正在收集邮票，所以……"董事长不好意思地向威尔斯解释。

接着威尔斯便开门见山地说明来意。可是董事长却故意含糊其辞，一直不愿做正面回答。威尔斯见此情景，只好知趣地匆匆离去，没得到一点收获。

不久，威尔斯突然想起那位女秘书向董事长说的话，邮票和12岁的儿子。同时也联想到他服务的银行的国外科，每天都有许多来自世界各地的信件，有许多各国的邮票。

第二天下午，威尔斯又去找那位董事长，告诉他是专程替他儿子送邮票来的。董事长热情地迎接了他。威尔斯把邮票交给他，他面露微笑，双手接过邮票，就像得到稀世珍宝似的自言自语："我儿子一定高兴得不得了。啊！多有价值！"

董事长和威尔斯谈了40分钟有关集邮的事情，又让威尔斯看他儿子的照片。一会儿，没等威尔斯开口，他就主动说出了威尔斯想要了解的内幕消息，并足足说了一个钟头。他不但把所知道的消息告诉了威尔斯，又召回部下问，还打电话请教朋友。威尔斯没想到区区几十张邮票竟让他圆满地完成了任务。

了解他人最想要的东西，知道他人最在乎什么，并且把他最需要、最在乎的东西提供给他，会使他产生极大的满足感，同时也会让其感到脸上极有光彩。一个人在一定时期内，对某件东西可能很在乎，这时只要提供给他这件东西，他就会对你无比感激和赏识。

从这里我们可以看出，提供给一个人最在乎的东西是多么有效、多么神奇，这种效果是提供其他东西所远远不能比拟的。

或许有人会问，我们也知道别人需要什么就给他什么，就满足他什么，但究竟怎样才能知道他人的需要呢？这问题说穿了并不难，其实只要你用心就会发现，人们总是会向别人提到自己的需要，并且常常是话里有话地暗示出来，虽然那似乎很幼稚、荒唐。不错，你注意的当然是自己本身的需要，我们也和你一样，只注意自己的需要，而忽视了别人那话中带话的需要。因此，天底下只有一个方法可以影响人，就是注意到他们的需要，并且让他们知道你也知道了。

美国最有影响的演说人和最受欢迎的商业广播讲座撰稿人斯托·凯文博士与人力资源顾问、训导专家迈克尔·考那博士在他们合作的《白金法则》一书中，向人们展示了一项最新的研究成果："白金法则"——"别人希望你怎么对待他们，你就怎么对待他们。"

凯文指出，"你希望朋友怎么待你，你就怎么待对方"是一条"黄金定律"。"白金法则"是在本着尊重"黄金定律"的主旨的原则下，对这一古老的信条进行修正。对于21世纪的生意人来说，要使自己与组织立于不败之地，或有助于改善人际关系，其关键和诀窍就在于遵循"白金法则"，"客户希望你怎么对待他们，你就怎么对待他们"。

简单地说，就是学会真正了解别人，然后以他们认为最好的方式来对待他们，而不是我们中意的方式。这一点意味着要善于花些时间去观察和分析我们身边的人，然后调整我们自己的行为，以便让他们觉得更称心和自在。它还意味着要运用我们的知识和才能去使别人过得轻松、舒畅，这才是"黄金定律"的精髓所在。所以，"白金法则"并不是游离于"黄金定律"之外独树一帜的东西，相反，你可以称它为后者的一个更新的、更富有人情味的版本。与"黄金定律"相比，"白金法则"更进了一步。

在今天高度竞争和变化无常的环境里，以你一厢情愿的方式去对待客户显然是远远不够的。你还不得不去了解他们的需求——而且有能力满足他们物质和精神上的需求才行。你的成功很大程度上取决于你如何应对他们的个人需要。

现代生意人必须有能力根据不同人的个性品格类型的特征，用"白金法则"去相应地迎合不同类型人的不同需要，投其所好，在双赢策略中获取最大的成功。

"白金法则"在处理客户关系的问题上能助你一臂之力，这其中包括：

（1）准确判断对方的品格类型；

（2）预见对方的行为，从而你可以预先调整自己的行为来顺应他，以取得尽可能好的结果；

（3）把有亲和力、有合作潜力的人聚在一起，形成有效率的工作团队，稳定的员工队伍，出色的公司与组织，这些组成一个利益共同体；

（4）投其所好（对症下药）——运用"白金法则"与人打

好交道；

（5）化解冲突和矛盾，从而激发工作热情，提高员工的能力，增强组织效能。

亨利·福特为人际关系艺术所提出的忠告是："成功的人际关系在于你能捕捉到对方观点的能力；还有，看一件事须兼顾你及对方的不同角度。"这个道理十分简单明了，每个人应该都能一眼看出。但是，这世界仍有90%的人在90%的时间里忽视其重要性。

如果你今天寄一封信给某客户，希望他能够合作，信中一开始提及的都是自己想要的是什么，自己在合作后能够怎么做，最后才提及合作后可能会给对方带来什么样的利益，那么，收到这封信的客户会有什么样的态度想必不难猜测吧？若能够提及别人的需求，采取别人方便的方式，说明合作后能获取的好处有什么，可能连自己能得到的利益也不用提及，对方就会跟你进一步交谈了！切记，从内心里讲，别人关心自己的事胜过关心你的事百倍。

用你的心和行动去赢得客户

推销人员只有与客户建立一定深层次的信任感，才能顺利地把产品推销出去。那么，推销员在工作中该怎样建立这种信任感呢？最佳答案是服务，以服务代替销售，这是一个很重要，也很具有实践意义的理念。实际上，为客户服务就是一个潜移默化的攻心过程。你服务得好，人们就会将心比心地给予回报。

在推销保险的过程中，陈明莉总是真心实意地去关心和帮助客户，为客户的事情忙前忙后。客户病了，她去嘘寒问暖，帮着找大夫，甚至陪着客户去医院就诊；客户的手表坏了，她会帮着拿去修理；客户的家电坏了，她帮着联系维修商……

有一次，陈明莉有一位客户的母亲得了重病，需要动手术，主刀的是李医生。客户当时还在国外出差，不能马上返回来，因此心急如焚。陈明莉通过电话从客户那里了解到这一情况后，当即决定由自己来照顾客户的母亲。

手术过程长达10个小时，术后客户的母亲又在加护病房住了一个月，其间曾出现过两次生命危险，幸亏李医生抢救及时，再加上陈明莉无微不至的照顾，最后化险为夷。

在这一个月里，陈明莉每天都利用上班前或下班后的时间一天两次去看护病人，从不间断。她对客户母亲的照顾是那样的无微不至，以至于连李医生都误以为陈明莉是病人的女儿。

"你这个女儿可真孝顺啊！"一天，李医生来查房，正好碰到陈明莉在照顾客户的母亲，于是这样对病人夸赞道。

"她不是我的母亲，是我客户的母亲！"陈明莉笑着解释说。听到这里，李医生感觉有些不可思议。

这位客户出差回来后，没等陈明莉提及保险的事，就把自己公司50多名职工的保险事宜交给她全权代理。

不久，李医生又在另一家医院看到陈明莉在看护另一个病人，这才不再把她当作病人的家属，而是直接打招呼："你又带客户来看病？"

"是啊！"

"明莉，我想要跟你谈谈我小孩的教育保险问题。"

"真的？谢谢您！"

最后，李医生为自己的小孩买了教育保险，也为自己和太太买了保险。

可见，一个销售人员如果学会了用心去关心自己的客户，学会对客户提供无私的帮助，他的生意也就顺其自然地有了；反之，一个没有爱心，不懂得关心他人的推销员，总会错过成功推销的机会。

齐格勒刚搬家后不久的一天傍晚，他不满4岁的儿子汤姆突然失踪了。全家人分头去寻找，找遍了大街小巷，依然毫无结果。后来，他们又给警察局打了电话，几分钟后，警察也配合他们一起寻找。

　　齐格勒开着车到商店去寻找，所到之处，他不断地打开车窗呼唤汤姆的名字。附近的人们注意到他的这种行动，也纷纷加入进来。

　　为了看汤姆是否已经回家，齐格勒不得不多次赶回家去。有一次回家看时，突然遇到地区警备公司的人。齐格勒恳求说："我儿子失踪了，能否请您和我一起去找找看？"此时却发生了完全难以令人置信的事情——那个人不知为什么，竟然做起了巡回服务推销表演！

　　尽管齐格勒气得目瞪口呆，但那个人还是照旧表演。几秒钟后，齐格勒总算打断了那人的话，他怒不可遏地对那人说："你如果给我找到儿子，我就会和你谈巡回服务的问题了。"

　　汤姆终于被找到了。倘若那个人当时能主动帮助齐格勒寻找孩子，20分钟后，他就能够得到销售史上最容易得到的交易了。

　　所以，我们推销员也应该像陈明莉学习，自己能够伸出手帮忙的话，就尽力去帮助客户，你的诚信和无私的精神，定然会给自己带来好人气，也定然会得到他人无私的帮助。对方购买你的产品也会积极给你联系更多的客户。如果遇到有帮助客户的机会，千万不要错过良机，立即用你的心和行动去赢得客户吧！

一杯白开水传递的关怀

有很多推销员也明白要为客户着想，站在客户的立场上思考问题，时刻去注意关心客户。但是，他们在工作中总是不知道该什么时候去帮助客户，该怎样关心客户。

其实，关心客户的地方有很多，并非需要刻意地寻找，否则，被客户发现会觉得你做作。只要你有心，任何细微的言行都能传达你对客户的关心。

陈明莉是个非常有心也非常细心的人，即便是一杯白开水也能传递出她的关怀与用心良苦。

陈明莉在刚刚从事保险行业时，去拜访客户的时候，客户总会请她喝杯咖啡或含糖饮料，时间长了，她意识到无论是自己还是客户都最好不要喝这么多甜的东西，很影响身体健康。

所以，在以后的推销过程中，当客户表示要请她喝杯咖啡的时候，她就会主动告诉客户她要喝白开水。这时候，客户都会感觉有些不解。

"那么多饮料你不喝，为什么偏偏要喝白开水呢？"

"我一天要去七八家公司，一天喝七八杯有糖的饮料，不得糖尿病才怪！"她都这样笑着回答客户。

"对啊！这些病真让人头痛！"客户往往也会表示深有同感。

这时候，她就会抓住时机说："所以，现在我们公司的重病保单很畅销。"陈明莉这时就顺水推舟地把重病索赔的数据放在客户面前。客户在意识到健康的重要之余，也对重病保险有了更深刻的印象。

每当她临走时，她会不忘对客户提醒一声，要少喝这些饮料，多喝些白开水。通过一杯白开水，她成交了很多重病保单，也不知不觉地让很多客户改变了喝饮料的习惯。

随时随处推销员都可以体现对客户关心，只要推销员用心，有一颗时刻准备帮助他人的心，就一定能发现，莫要以善小而不为，小小的帮助更让客户印象深刻。

有位推销员拜访客户时，正逢天空乌云密布，眼看着暴风雨就要来临了。突然他看见被访者的邻居有床棉被晒在外面，女主人却忘了出来收。他便大声喊道："要下雨啦，快把棉被收起来呀！"他的这句话对这家女主人无疑是一种至上的服务，这位女主人非常感激他，而他要拜访的客户也因此十分热情地接待了他。

随时关心他人的人是很容易得到客户信任的，也很难让客户拒绝的，一旦你与客户之间建立了亲密的关系，客户往往会看在你的份儿上，考虑购买你的产品。

推销员必须是充满爱心的人，你要爱你的产品、爱你的客户，当客户感受到你的细心和真诚的时候，你会得到客户的回报，推销的过程就会顺畅无比。对客户和周围事情冷漠、无动于衷的人，是当不了推销员的。

总之，只要你努力把生命中每个人都当成自己最有价值的客户去对待，把你的真诚关爱传递给每一个人，他们就有可能成为你最有价值的客户。

为客户设计最适合的产品

推销员每天都会遇到不同的客户，这些客户可能有不一样的经历，不一样的学历，不一样的文化修养，不一样的生活习惯，不一样的兴趣爱好……世界上没有哪两个人是完全相同的，也正因为如此，推销员如果真正关心客户，他推销的产品就要因人而异，根据客户的身份和需求来做推销，随着客户的年龄、经济能力和社会大环境的改变而做出改变，真心帮助客户找到真正适合他们的产品，这样才可能推销成功。

有一次，一位老先生介绍他的儿子给陈明莉认识，他的儿子是位大企业家，老先生便建议陈明莉规划金额比较多的保险，他说："我儿子是一个成功的生意人，他平常就看惯了大数目，如果你给他看小数目，他一定没时间，也不感兴趣去看。"

于是，陈明莉便帮他规划了100万新加坡元的储蓄保单，每年的保费大约75 000新加坡元。

当他的儿子看到计划书时，便忍不住开口问道："陈明莉，这是什么样的保单啊？怎么会这么贵啊？"

"您的身价这么高，如果规划得少，怕有失您的身份，而且，您开的都是最好的车，保险也应该买最好的……而这张保单就是我们公司最好的保单！"陈明莉笑眯眯地回答道。

"……"闻听此言，这位先生陷入了考虑之中。

见到他有点举棋不定，陈明莉赶紧帮对方打消疑虑："其实，您的钱这么多，根本不需要保险。不过，您就把它当作储蓄看待吧，等于是转一个户头罢了。而且，存在我们公司比存在银行的利息还多，还能有一个保障，何乐而不为呢？"

"也是啊。既然这样，那……好吧！"他果真点头买下了这份保单。

这也体现了陈明莉的用心，针对不同的客户推销不同的产品，并且切身为客户着想。有很多推销员都是不辞辛苦地专心向每名客户推荐最适合他们的产品，赢得了客户，也取得了良好的销售业绩。

银行理财经理崔露推销理财产品的宗旨就是"为合适的客户选择适合的产品"。根据她的调查和分析，她发现客户的地域属性比较强，对理财产品的风险承受力、回报要求各不相同。比如，南方来的客户思路较为开阔，愿意承受较大的风险，同时追求较高的收益。对于这类客户，股票型的产品更符合他们的要求。而北方来的客户大多追求稳健理财，债券型和信贷型的理财产品更受他们的青睐。再有就是有一些客户对资金的流动需求很大，经常随时提取现金。针对这样的客户，崔露就给对方介绍了一款能够保证其资金流动又能给其增加相当于活期利息3倍收益的产品。

崔露不仅围绕产品进行推销，还重视对大客户的深度服务。有一位客户通过她的讲解购买了200万元的基金产品，崔露利用自己对市场资讯的及时把握、丰富的金融专业知识以及对股市变化的敏锐感知，为这位客户提供专业、深入的个性化服务，使其资产较好地实现了保值增值，得到了这位客户的认可和信赖。在保险产品销售方面，因为个体工商户缺少养老、医疗类的社会保险，崔露就针对这种情况进行销售，取得了很好的收益。

崔露就是一个善于针对不同的人推销不同产品的人，正是她的用心，才让其看出不同的人有不同的心理需求，据此把适合的产品推荐给了适合的人，从而赢得了客户的信任和好评。

我们推销员在日常生活中也应该多注意积累，多用心观察，真心帮助客户推销适合他们的产品。否则，你把不适合的产品推销给客户，即便客户购买了，但因为产品不适合，客户会产生被骗的感觉，你与该客户也就是一锤子买卖了。而想要让自己在推销行业做得更好，就去把适合的产品卖给适合的人，这样的话，你卖哪件产品都是成功，为什么不卖最适合对方的产品呢？这样你才能与其建立长期关系，你才会拥有更多忠实的客户。

CHAPTER 6

人际交往：让客户像雪球一样越滚越多

　　人际交往能力体现着一个人情商的水准。怎样认识陌生人，让其顺利成为自己的客户，对很多人来说，并不是容易的事。本章帮助你抓住更多和陌生人自然结识的机会，并在工作中总结经验教训，让客户像雪球一样越滚越多。

主动地把自己推销出去

作为推销员，不管是卖什么，都要记住：卖东西的过程也就是让别人了解你的过程。在激烈的市场竞争中，没有任何一个推销员会得到客户这样的回答——客户被迫说："我找不到其他推销员，只有你这里有我要买的东西。"所以，想要让更多的客户了解你的产品，首先，你就应该主动地把自己推销出去。

销售大师乔·坎多尔弗从事的行业里有1 800多个保险公司，并且没有哪一家公司拥有独家专卖产品。这就意味着客户可以购买任何一家的产品，而这种情况下就需要推销员能够自我推销，因为客户更愿意购买和自己关系好的推销员的产品。而这时，产品可以销出去的关键就在于推销员了。所以，乔·坎多尔弗总是善于利用各种机会积极主动地宣传自己，让客户知道他是一个有责任心的奋斗者，一个具有专业特长的人，一个勤奋工作的人。

坎多尔弗会对客户主动介绍自己："在很长一段时间里，我一直是全世界人寿保险业中的第一号人物，我的事迹曾被华尔街杂志报道过，我曾被畅销书《十位最优秀推销员》列为世界人寿保险商之首。"

　　而且，在坎多尔弗的办公室里，人们会发现他把奖状和荣誉证书都贴在了墙上。并且他的秘书在向客户发信时，总是会把一本介绍坎多尔弗的小册子一起寄送给客户。

　　坎多尔弗这样告诫推销员："最为关键的是，这本小册子应该告诉人们你是谁，而不是产品和公司，必须让客户先把你当成一个人来了解——知道你是一个什么人。如果你还未在业界取得巨大成功，请告诉客户你的目标以及你试图怎样实现这一目标。最为重要的是告诉客户你的功绩。"

　　有些很害羞或者很内向的人，会觉得自我推销就是种炫耀，并且不屑于此。其实，自我推销并不是自我炫耀，自我推销是指给予他人正确信息，从而促使他们做出购买的决定。

　　如果你不把自己的优势说出来，对方就不知道你的优势，也就很难立刻对你产生好感或者信任你。把自己的优点介绍给客户，让客户了解自己，就会更容易让客户信任你，进而因为信任你而信任你的产品。

　　客户在看到你的第一眼时就开始在快速判断你，并且从你身上搜索他们想要的信息，如果你没有把自己的优势表现出来，没有满足他们需要的一些条件，他们就会忽视你，甚至认为你不够格，他们将会把你归到其他的类别中去。

　　所以，推销人员要学会推销自己，要善于推销自己，那么推销员应该怎么做呢？下边有几种方法供参考。

1. 以对方为导向

在推荐自己的时候，应该注重对方的需要和感受，并根据他们的需要和感受来说服对方，让自己的观点无形地被对方接受。

2. 有自己的特色

推荐自己的时候首先应该要引起对方的注意，如果没有引起对方的注意，别人不在意你的存在，那么，推荐自己的目的就没有达到，因为连对你都没有印象，又何谈对你的产品有印象呢？那么，该怎样引起别人的注意呢？关键是要有自己的特色。这里所谓特色，是指用你身上与众不同的地方吸引住对方，比如，你有非常好的幽默细胞，你有比较有见地的见解，等等。

3. 善于面对面

推销产品的时候面对面和客户交流是必要的，也是推销产品的关键环节，人们通过面谈可以取得推荐自己、说服对方、达成协议、交流信息、消除误会等效果。面对面推荐自己时，应注意和遵守下面法则：依据面谈的对象做好准备工作；语言表达自如，要大胆说话，克服心理障碍；掌握适当的时机，包括摸清情况、观察表情、分析心理、随机应变等。

4. 有灵活的指向

人有百好，各有所好。假如你尽力针对对方的需要和感受仍说服不了对方，没能被对方所接受，你应该重新考虑自己的选择。是不是自己寻找的目标客户有偏差？自己表达有失误吗？可以找个借口离开，然后好好想一想，再想办法克服或者将注意力直接转向其他客户。

5. 注意控制情绪

人的情绪有振奋、平静和低潮等不同表现。在推荐自己的过程中，需要我们善于控制自己的情绪。情绪无常，很容易给人留下不好的印象。为了控制自己开始亢奋的情绪，美国心理学家尤利斯提出了3条有趣的忠告："低声、慢语、捶胸。"

任何东西，只要肯卖就会有个买主，当你把自己推销出去时也不例外。所以你要先站在买者的位置，试问自己："有人愿意买我吗？"

总之，只有会主动宣传自己的推销员，客户才有可能主动来买你的产品。要在日常的工作中多积累经验，让自己在工作中不断进步。

神奇的格言："我需要你的帮助"

有一次，销售大师乔·坎多尔弗去拜访一位曾经很有名气的书商，只因为他酗酒，所以现如今已经风光不再了。可在他家里，坎多尔弗还是看到了许多徽章及奖杯。于是，坎多尔弗问他："您是怎么得到这些徽章和奖杯的呢？"

"我曾经获得过美国最佳书商的称号。"对方不无自豪地回答。

"那你是怎样成为第一名的？"

"因为我知道神奇的格言。"那位书商神秘地笑了。

"什么神奇的格言？"

"我会向客户说'我需要你的帮助'，当你诚心诚意地向别人求助时，没有人会说'不'。"书商把自己成功的秘诀坦诚相告。

"那你要求的是什么帮助呢？"

"我请客户给我他3个朋友的名字。"

就这样，坎多尔弗知道了这位先生当年成功的秘密。也就是这么一句"我需要你的帮助"，后来被坎多尔弗运用到了极致，他也因此获得了很多客户，取得了非凡的销售业绩。

也许有人会问，为什么只向客户索求3个被推荐者的名单，而不是5个甚至10个呢？原来根据心理学家分析，人们习惯性地用"3"来思考。另外，绝大多数人都有3个好朋友，很少有人有3个以上的好朋友。

"我需要你的帮助"的确是一句妙语，也是一个妙招，它可以帮你直接获取到准客户名单。而针对被推荐的准客户名单进行主动开发，远远比直接搜寻客户要容易得多，并且还可以借此寻求准客户的协助，进一步扩大准客户的范围，增加你的准客户库存，真可谓一举多得。

一般在取得3个朋友的名字之后，坎多尔弗还会继续向客户了解其朋友的年龄、经济状况等。在离开之前，坎多尔弗还不忘对客户说："你会在下周前与他们见面吗？如果会，你愿不愿意向他们提起我的名字？或者你会不会介意我提到你的名字呢？我会用我与你接触的方式与他们接触的……"

可见，坎多尔弗已经把这句话的作用发挥得更精妙到位了。就这样坎多尔弗会很快获得3个客户，当这3个客户也购买了他的产品后，他会再向他们索取3个客户的名字，如此下来，他轻而易举地获得了越来越多的客户。

当然，准客户介绍的朋友中也有些没有购买保险的需求的，但"买卖不成交情在"。正是深谙这一道理，乔·坎多尔弗总是不忘与他的客户保持着密切的联系。没有成交，他也会在临走的时候主动向客户说一声："非常感谢您能在忙碌之中和我交流，希望以后我们还有机会合作。我真的很高兴和您交流，希望以后我们能够成为很好的朋友。如果有什么需要我帮忙的话，请给我打电话。"

之后，他会在不打扰对方的情况下打去问候电话，或者在节假日不忘送去自己的贺卡。

有一位成功的企业家对乔·坎多尔弗说："我十分喜欢你寄给我的卡片。""为什么？""因为你寄的卡片与其他人的不一样。""哪里不一样呢？""你的每张卡片上都有独特和亲切的人情味。"

另外，在得到对方允许后，他会主动拜访对方，一来可以更深入地了解对方的需求，二来可以增进彼此的友谊。

坎多尔弗曾自豪地说，他一天24小时都在打电话，包括周末。而且他认为，一个推销员没有任何借口不与潜在客户或准客户保持不断的联系。

就这样，即便对方暂时没有成为自己的客户，他也会让其成为自己的朋友，当彼此成为朋友后，对方会主动向坎多尔弗介绍客户。

并且，当对方成为自己的朋友后，坎多尔弗也可以使用"我需要你的帮助"，让自己主动去获得更多的客户。如此一来，他的人际圈越来越大，拥有的客户也越来越多了。

何不先从亲朋好友处建立市场？

寻找潜在客户的重要规则就是："永远不要假设某个人不会帮你开拓业务。"

我们常常忽略自己身边的朋友或者亲人的需求，而这些人也可以成为你的客户，并且会更愿意购买你的产品，你卖出产品的可能性非常大，这部分客户群显然可以成为推销员推销的捷径。

一位刚购买完保险的王小姐说："我先前买的车险是从我好朋友那里买的。虽然价格上比其他小保险公司贵，但是服务还是不错的。反正车险总是需要的，倒不如找个熟悉的人来投保，比较放心。"

其实，很多亲友都有这种想法，因为他们了解你，对你知根知底，认为你不可能骗他、害他，一旦他们有购买产品的需求，也愿意把钱交给你。

所以说，熟人好办事，当我们正在推销产品，并且自己非常认可其是非常好的产品时，不妨把这些产品推荐给自己的亲朋好友。这样你既售卖出了产品，又帮助你的亲朋好友挑选到了不错的产品，一举两得。

其实，现在已经有很多人意识到这个群体，尤其是做保险行业的人。

推销员小林就这样说："现在保险推销还是需要有点人脉基础的，如果一点儿也不认识的人向你推销保险，你铁定不会很乐意的。所以，我经常在身边的朋友中，挖掘潜在客户，亲朋有能力的，要尽量引起他们的保险购买欲。这种方法算是最直接、最有效的方式了。这些朋友还可以介绍他们的朋友，这样一来，你接触的客户就多了。"

但是，有时候，我们通常会因为太了解这部分人群，而认为他们很可能不需要某些产品和服务。

比如，小蔡的奶奶已经有60多岁了，看来她不太适合做购买旱冰鞋的候选人，但是，她是一名教授，经常有学生来请教她一些问题，这样小蔡就可以把她的学生作为推销鞋子的潜在客户，她的学生还有更多的同学朋友，这样这种产品就会逐渐被人们所认识，并决定购买。

虽说向自己的亲朋好友售卖产品，他们通常是乐意接受的，但是我们也要看到他们接受的真正原因是什么。有些亲朋好友接受你的产品不是因为你的产品多么适合他，而是出于情面。

李先生碍于情面购买了一笔保险，他说："某保险公司推出一款分红型寿险。本来买不买是无所谓的，我老战友的儿子来推销，好歹也要给个面子。本来我也没想过靠保险赚多少钱。"

这样做，虽然你推销出去了产品，但对方不是心甘情愿的，所以就可能影响彼此之间的关系。因此，推销员在推销时要尽量让亲朋好友了解产品，明确确定他们真的需要产品才让他们购买，并且在购买后及时跟进，做好售后服务。这样他们会认为你善解人意，是真心为他们着想，以后他们再购买产品的时候，会不由自主地想到你。

在推销时，亲朋好友也会像其他人一样，一听到你要向他推销产品，就下意识地排斥，但是他们又因为和你是亲友关系，不好意思驳回，结果心不甘情不愿地听你介绍，心中带着抵触情绪。如果这个时候他们购买产品，多半是因为给你面子，所以想要打破对方的这种心理，推销员就不要在言谈举止中带着强迫别人去做的态度，而应尽量让亲朋按照他作为一个消费者的心意去决定是否购买。

可以这样开场说话："我非常在乎你们的评判，所以我很希望听听你们的看法。"

这句话自有其奇特作用，我们试着分析一下，首先"我很在乎你们的评判"，其深层次意思就是"你们对于我来说很重要，并且你们都有经验而且很聪明，能够承担得起评判的责任"。

紧接着用"我很希望……"这几个字表示出你对他们的尊重，表明你是站在他们的立场考虑问题，征求他们的意见，而没有强迫他们的意思。

"听听你们的看法"，暗示亲朋好友的想法举足轻重，自己很在乎。

这样一说出口，亲朋好友会非常愿意分享你的产品。

当他们在分享的过程中，会对产品有一个客观的评价，如果产品的确很好，并且正需要，他们一定会购买的，而且会成为你的义务宣传员，会主动向自己的左邻右舍介绍产品。

总之，不要忽略这个群体，他们也是你的潜在客户，并且是非常容易说服的一群客户。只要你一张开口，拿出产品，让亲友了解它、接受它，机会就会随之而来。

客户的朋友圈，能成为你的朋友圈

对于已经成交的客户，有些销售人员认为也就没有必要再联系了。他们认为这类客户已经向自己购买了产品，销售的任务也就完成了。其实，这只是销售的开始。因为老客户其实是一笔宝贵的资源，是一座价值连城的金矿。

老客户购买过销售员的产品，他们对产品的需求不是一次性的，除了大型的耐用消费品更新周期长之外，他们很有可能进行多次重复购买。因此，第一次销售的成功仅仅是销售的开始，更多的订单还在后面。国外的一则调查数据表明：维护一个老客户的成本仅仅是开发一个新客户成本的1/6。

更重要的是，这类客户对产品有亲身的体验，他们认识销售员，并且彼此之间建立了信任和友好的关系。所以，如果销售员跟一个客户建立了良好的人际关系，那么就可以通过他再去影响别的客户。他们对产品的推荐和宣传更具有影响力。事实也证明老客户推荐的成功率高达85％以上。成功的销售员，常常拥有庞大的客户关系网。

一个意志消沉的年轻人来向推销大师弗兰克·贝特格请教。他说自己推销寿险已经一年多了，刚开始做得还不错，可当他把寿险销售给一些朋友及大学同学后，就不知该怎样继续了，现在他心灰意冷，准备放弃。

弗兰克·贝特格对他说："年轻人，你只做了事情的一半，回去找向你买过保险的客户，从每个客户那里至少会得到 2 个以上的客户。此外，不管面谈结果如何，都可以请拜访过的每个客户给你介绍朋友、亲戚等。"

半年后，这个年轻人又找到弗兰克·贝特格，他说："贝特格先生，回去后我紧紧把握一个原则就是不管面谈结果如何，我一定要从每个拜访对象那里得到至少 2 个介绍名单。我现在已经得到500个以上的名单，比我自己四处去闯所得的要多出许多。

今年头半年，我已缴出23.8万美元。以我目前持有的保险来推算，今年我的业绩应该会超出150万美元！"

有很多销售人员认为，任何人只要肯介绍客户，他就是好的推荐人。从理论上来看这确实没有错，可是只有推荐人本身也是合适客户，才会更具有说服力。强有力的推荐人，对销售人员来说，具有很高的价值。可是通常只有满足以下两个条件，客户才愿意为销售人员做郑重的推荐：

第一种，推荐人跟销售人员有非同一般的友谊，以至于推荐人可以不计后果，而且不管结果怎样，都愿意鼎力推荐。客户多半来自销售人员个人亲密的好友，或者是曾经有恩于他，基于报恩，所以愿意大力相助。

第二种，推荐人有助人为乐的作风。也许是以前的客户、亲戚、朋友或者是一些有社交来往的人——当然不是仅限于这些人。

很多销售人员会觉得要人帮忙介绍客户是一件非常难开口的事，这对销售人员的名声很不好。其实那是错误的，只要要求别人帮忙的时候说得适当、自然，就可以得到好的结果，而且销售人员自身寻求客户的技巧也会跟着大大提高。

不仅可以利用客户为自己宣传，还可以利用局外人为自己宣传。在一般情况下，法庭的陪审团很难对律师的辩护词给予充分的肯定，所以最终的判决与律师的努力往往不成正比。面对这种情况，辩护律师通常请目击证人到法庭上提供最有利的证词，以增强辩护词的可信度，取得预期效果。我们不妨将这种方法引入销售当中，"证人"可以让销售人员节省很多精力。利用"局外人"销售，能快捷而又有效地获得客户的信赖。

有一个公司的董事长打算去加拿大旅游，希望下榻到一家设施高档、服务周到的酒店。一些销售人员听到这条消息如获至宝，纷纷向董事长介绍他们的酒店和服务，结果让这位董事长不知如何选择。后来他看到了一封与众不同的信，信中建议他给一些曾下榻过那些酒店的人打电话咨询那里的情况。

这位董事长发现名单当中有一个是他认识的，于是给他打电话，这个人对一家酒店大加称赞，并极力向董事长推荐，最后董事长就选择了那家酒店。

利用"局外人"来拓展客户，是快速而又有效地获得客户信赖的一种方法，节省了精力，是与竞争对手争夺客户的最好武器。

想要快速进步与成长，同时又想要出色地工作，一定要学会开发推荐人的技巧，因为这才是销售成功的诀窍。

新手必学的无限连锁介绍法

人与人之间的联络是几何级数扩张的。无论是善于交际的人，还是内向木讷之人，其周围都会有一群人，这群人大约为250个。而对于销售员来说，这250人正是你的客户网的基础。

推销员如果得罪一个人，也就意味着得罪了250个人；相反，如果推销员能够充分发挥自己的才智利用一个客户，也就得到了250个关系。这就是乔·吉拉德著名的"250定律"。

建立良好的客户关系网络，与客户交往过程中以诚相待，同客户交朋友，分担他们的忧愁，分享他们的喜悦。他们可能会向你介绍他们的朋友、他们的客户，这样，你的客户队伍将不断扩大。

其实，任何一个客户在购买完某种商品之后都会不自觉地把自己的体会告诉给别人，形成购买商品的连锁反应。如果我们能够充分掌握这种连锁反应的规律，那么我们就能找到新的推销对象。这种通过客户引荐来寻找客户的方法，在推销理论上称为无限连锁介绍法。

这种方法能够避免推销人员去盲目寻找客户，因为现有客户向你推荐的新客户多是他们比较熟悉的人，所以，他们提供的新客户的信息都是比较准确且内容详细的。同时，因为新客户出于对现有客户的信任，也会非常信任推销员。所以，一般人不会存在太多的戒心，这样成功率会比较高。

那么，我们可以向哪些人去请求获得引荐新客户的机会呢？

1. 老客户

销售人员要重视每一个客户，更要重视老客户，能够成为你的老客户，说明他们从产品中获益，非常信赖你的产品，并且也非常欣赏你。请求这样的人给你介绍新客户，他们通常会非常乐意的。

由老客户推荐生意的成功率高达60%，相对而言，一个销售新手即使去拜访100个人，也许都无法成交一笔生意。由此可见，被推荐的生意对销售人员具有非同一般的价值和意义。

一个成功的销售人员往往是在保证现有客户的基础上再继续寻找新客户的。如果没有老客户做坚实的基础，新客户的订单也只会是对所失去的老客户的填补，总的业绩是不会获得提高的。因此，推销员应该有意识地让新客户变成老客户，并由老客户推荐更多的新客户。

当你想要请求他们向你介绍新客户时，可以先给对方打个电话，了解一下他对所提供产品或者服务的评价，进行轻松聊天，不要让对方感觉你要向其推销产品，而要让其感觉这只是一次常规性的回访，然后用真诚的语言询问他们对你的印象如何。对方一定非常满意，说你一些好话。那么，你就可以捎带着向对方请求介绍新的客户给你，他们通常会很快答应的。

2. 不满意的客户

有很多推销员认为对自己的产品或者服务不满意的人，以后联系也没有用，他们一定不会再购买你的产品了。其实不然，你可以主动和这些人取得联系并告诉他们，你非常惦念以前双方的良好关系，并表达你想重修旧好的诚意，并且保证产品没有问题。当对方真的发现产品没有问题，而你的服务态度让他们能够欣然接受的时候，他们就成了帮助你推荐客户的重要人选。

3. 请新客户推荐

新客户也可以成为帮助我们推荐客户的人选，一旦他们决定购买你的产品或者服务，会不断地向别人介绍和宣传你和你的产品或服务，以便强调自己决定的正确性。

想要让新客户推荐给你客户，最好是在销售完成，双方都心情非常愉快的时候，顺便说一句，如果他们在使用产品一段时间后很满意，可以请他们再推荐几位愿意购买产品的新客户。

4. 拒绝买你产品的客户

对于那些曾经拒绝你的客户也不要放过，他们因为拒绝你，所以往往在心理上会或多或少产生一点儿愧疚感，特别是在你服务特别热情的时候。

所以，你可以请他们告诉你还有哪些人可能会需要你的产品，他们或许知道谁需要你所推销的东西。

5. 请竞争对手介绍

虽然他们是你的竞争对手，但也可以成为为你介绍客户的人选。他们在某方面无法满足客户，而这个时候，你的产品正好能够满足客户，竞争对手就可能把客户资料给你，以后如果你有一些自己无法满足的客户也可以介绍给他们。这样礼尚往来，自己的客户就会更多。

6. 请亲友介绍

每个人都会有一些关系网，通过家人和朋友的帮忙，你会更容易获得更多新客户。

7. 请同事介绍

与你共事的同事，他们也有很多人脉，不妨寻求他们的帮助。

8. 请其他销售商介绍

如果你认识一些销售方面的能手，那么你若在销售的时候多请教他们，你就可能少走一些弯路，并且他们有的一些客户资源中就可能有你所需要的，不妨向他们问一问。

9. 请陌生人介绍

一般在交际场合我们经常会遇到一些未曾结识的陌生人，在和这些人谈话的时候，不妨最后把话题转到你的职业上。这些陌生人或许需要你的产品或服务，也可能知道其他人需要你的产品或服务，这时候，你就要毫不犹豫地请他们向你介绍。

销售员应当尽量选择那些具有影响力的人物去"攻坚"，这样效果更好。比如医疗器械销售员可取得医生的信任和合作，他们是病人的中心人物；司机、教师分别是乘客、学生的中心人物；社会名流是其崇拜者的中心人物，等等。中心人物在一定的范围内有较大的影响力和带动性，有着广泛的联系和较强的交际能力，信息灵通。因此，销售员应多交些朋友，这些朋友在很多时候会给你带来意想不到的帮助。

当然，在使用这种方法的时候，要注意以下一些问题。

1. 要取得现介绍人的信任

一个推销员通过诚恳的销售态度和诚挚的服务精神，就一定会赢得介绍人的信服、敬重与工作上的配合，在获得介绍人的信任后，他会非常愿意帮助你。

2. 描述清楚自己想要找的新客户

如果没有明确的目标，有些人会一时想不起给你介绍哪些人才是最合适的，所以，你要把自己想要找的新客户的要求具体说明，这将有助于对方为你找到符合要求的客户。

3. 要评估新客户

为了能够在见到新客户前有充分的准备，就要详细了解新客户的各种具体情况，所以，你需要向介绍人详细询问有关情况，并对新客户做恰当的评估。

4. 感谢介绍人

在行业中，通常对方给自己推荐客户后，要给对方一定的感谢费，这种方法能够极大增强介绍人的积极性。

对那些表示持续提供新客户的朋友，可以时不时地送一些表达感谢的小礼品，这样有利于你们建立良好关系。

5. 制作一个花名册

为了方便查找和联系，可以把介绍人和新客户的具体情况详细记录下来，并安排时间拜访，这样工作起来更有条理性和计划性。

这些方法既便捷，又有效果，推销人员不妨学着挖掘这些客户。

记住他的名字，他就会记住你

有一位经营美容店的老板说："在我们店里，凡是第二次上门的，我们规定不能只说'请进'，而要说：'请进！小姐（太太）。'所以，只要来过一次，我们就存入档案，要全店人员必须记住她的尊姓大名。"

如此重视客户的姓名，使客户感到备受尊重，走进店里颇有宾至如归之感。因此，老主顾越来越多，不用说生意愈加兴隆了。

安德鲁·卡内基被人誉为钢铁大王，但他本人对钢铁生产所知无几，他有几百名比他懂行的人在为他工作。他致富的原因是什么呢？他知道怎样利用客户的名字来赢得客户的好感。比如，他想把钢轨出售给宾夕法尼亚铁路公司，当时，那家公司的总裁是齐·埃德加·汤姆森，卡内基就在匹兹堡造一座大型钢铁厂，并取名为"埃德加·汤姆森钢铁厂"。这样，当宾夕法尼亚铁路公司需要钢轨的时候，就只从卡内基的那家钢铁厂购买。

在任何语言中，对任何一个人而言，最动听、最重要的字眼就是他的名字。

当你走在陌生人群中，突然听到有人呼唤你的名字，会是什么感受？兴奋！假如这个能叫出你名字的人是曾经向你推销过某种产品的人，这丝毫不影响你的愉快情绪，只能加深对他的好感。这种推销技巧被人们叫作记名推销法则。真心地向客户求教，是使客户认为在你心目中他是个重要人物的最好办法，既然你如此看得起他，他是不会不给你面子的。

难道你比罗斯福和拿破仑三世还要忙吗？

当然，你没有。

但是，你为什么记不住别人的名字呢？

罗斯福总统知道一种最简单、最明显、最重要的得到好感的方法，就是记住别人的名字，使人感到被重视。曾经发生过这样一件事：克莱斯勒公司为罗斯福制造了一辆汽车。当汽车送到白宫的时候，一位机械师也去了，并被介绍给罗斯福。这位机械师很怕羞，躲在人后没有同罗斯福讲话。罗斯福只听到他的名字一次，但当他们离开的时候，罗斯福寻找到这位机械师，和他握手，并叫着他的名字，谢谢他到华盛顿来。机械师深受感动，数年以后还经常提起这件事。

拿破仑三世（即拿破仑的侄子）曾自夸说，虽然他国事很忙，但他能记住每一个他所见过的人的姓名。所以你要知道，记不住别人的名字，忙是最蹩脚的借口。

当然，记住客户的名字，并不是一件轻而易举的事，需要下一点功夫，还得有一套行之有效的方法，要想把名字和面孔正确配合在一起，这需要技巧：

1. 正视别人

现代社会里人际关系越来越疏远，甚至有些人还会认为正视别人是不礼貌的事。为了提高记忆人名的能力，必须克服这些感觉。当你正视对方时，对方会感到激动，因为正视对方表示你对他很感兴趣，因而对方也将注意你。

2. 注意对方特征

当把注意力集中在对方的面孔上时，尽量找出有关的资料记忆。人有多方面的特征，有外形的特征，如眼睛特别大、胡子特别多、前额很突出……也有职业上的特征及名字上的特征，等等。把这些特征联系起来，记住名字就没有那么难了。要找出特殊之处，譬如"浓眉""塌鼻子""焦红的头发"或者有伤痕。卡通或漫画最能将个人独特之处借简单的两三笔线条表示出来。假如能发展这种能力，对识人本领将有莫大的帮助。

3. 认真记忆

记住别人的名字有时相当困难。也许某人能在短时间之内注意10张面孔，却无法同时注意10个姓名。在宴会中，主人总是匆匆忙忙地介绍每位客人，往往你还没来得及注意，已经介绍完了，这样便无法分析姓名及其特征。有时候只得请介绍者介绍得慢一点。若是可行的话，你不妨主动走到别人面前对他说："刚才介绍得太快了，我实在无法记住你的名字。我叫×××，你呢？"这样你就有机会记住对方的名字，并且试着找出这个人的特点。

4. 特色记忆

找出姓名的特色可从下面三点考虑：

一是这个名字是否与众不同或很有趣？

二是这个名字是否很普通？

三是名字和你所看到的面孔配不配？

最重要的是把注意力放在名字上。假如你听到一个名字能够把它以句子的形式复述出来，对记忆将大有帮助。比如说"布朗先生，真高兴认识你"，把注意力直接放在姓名上，并且把名字和面孔进行比较，有助于把姓名和面孔联系在一起。

5. 多与客户接触

见面的次数多了，你想忘记都难了。

既然你并不是日理万机，那就不妨试试看吧，也许你想象不到记住客户的名字对你征服人心有多么大的帮助。

被人记住姓名，可以满足人性的最基本需要——感觉自己重要，以及受到别人的接受和尊重。

记住人名，是创造自己对别人影响力的一种手段。

据说俄罗斯前邮政总局局长杰姆·弗雷有惊人的记忆人名的能力，他能记住4 500多人的姓名，因此常常令人倍觉亲切。虽然一般人不必表现出这种卓越的记忆力，但是一定要能叫出经常往来的客户的名字，以及常相往来的朋友的姓名。

记住你的客户的名字，这将充分表现出你对他的重视。人是崇尚礼尚往来的动物，你重视他，他也会重视你。

你给"面子"，他给钱

哈佛大学著名心理学家威廉·詹姆斯曾经说过："人类本质中最热切的需求，是渴望得到他人的尊重和肯定。"这是每个人都有的心理需求，不管是在生活中还是工作中，人们都希望受到重视，希望突显出自身的地位和价值。因此使别人感受到他对你来说是重要的，往往会带给他心理的满足，使他产生愉悦感，这样彼此交流起来就更加容易。

我们常说相互尊重是彼此之间进行合作交流的基础，那么提升别人的重要性，也是对别人尊重的一种方式。让对方觉得他在你心里是重要的，那么对方就会获得强烈的安全感和归属感，就会将心倾向于你，对你表示信任。在销售工作中，让客户感到自己很重要，既是对客户的尊重，也会使销售员得到客户的青睐，顺利购买销售员的产品。因为，销售毕竟是一种人际交往，是销售员与客户结识并建立关系的过程，只有建立起良好的关系，才会增进彼此之间的感情，使客户心甘情愿地购买销售员的产品。所以销售员与客户之间不仅是简单的买卖关系，更重要的是一种交流情感的关系。

人在交往过程中总是希望得到周围人的认同、尊重、赞扬，没有人会希望自己被别人看得微不足道。况且客户是我们的衣食父母和上帝，我们必须尊重客户。销售高手都知道尊重、重视客户的重要性，主动、适当地满足客户的这种心理需求，就会获得更大的市场，就会提高销售的成功率。

有调查表明：有15%的客户是因为"其他公司有更好的产品"，另有15%的客户是因为发现"还有其他比较便宜的产品"，可以看到，有70%的客户并不是产品因素而转向竞争者，这70%中有20%的客户是因为"不被销售人员尊重和重视"而导致成交失败的。

尊重客户不是一句口号，而是一种行动！你真正地最大限度地尊重了客户，你就能影响客户！一般的销售员说服客户，而销售高手做尊重客户的事。销售高手在与客户沟通时，特别关注客户的心态与感觉，并让客户感受到沟通的愉悦。

怀特是一家汽车公司的销售员。有一次，他上门推销，问男主人做什么工作，男主人回答说："我在一家螺丝机械厂上班。"

"别开玩笑了！那您每天都做些什么工作呢？"怀特以为客户在开玩笑。

男主人认真地回答："造螺丝钉。"

这时怀特表现出极大的热情和兴趣："真的吗？我还从来没有见过怎么造螺丝钉。哪一天方便的话，我真想到你们工厂去看看，可以吗？"

怀特这样说的目的当然是为了让客户知道自己很重视他的工作。

或许之前，从来没有人怀着浓厚的兴趣问过他这些问题。男主人听了怀特的话，从心里油然升起一股感激之情，想到自己就要被调到市郊去上班了，真的需要一辆汽车，于是当场就和怀特签下了购车合同。

等到有一天，怀特特意去工厂拜访他的时候，看得出他真的是喜出望外。他把怀特介绍给年轻的工友们，并且自豪地说："我就是从这位先生那里买的汽车。"怀特趁机给每人一张名片，正是通过这种策略，怀特获得了更多的生意。

其实，尊重、重视客户早就是销售行业的共识，很多商家都把"宾至如归，客户至上""客户就是上帝""客户永远是对的"奉为宗旨，销售员应该以友好的态度，努力为客户提供最优质、最贴心的服务，让客户体验到"上帝"的感觉。如果销售员总是想把客户踩在脚下，使劲儿地剥削他们的钱财，这样必然会失去所有的客户，最终走向失败。所以，销售员应该尊重每一位客户，不管对方的身份、地位、职业如何，都应该让他们感觉良好。客户产生良好感觉或感到自信的同时，自然会对你产生好感，进而对你的产品产生好感并乐于和你做生意。

只有你对别人表示出尊重和肯定，才能换回对方的积极回应。只有把客户放在心上，客户才会把你放在心上。"让客户觉得自己重要"是打动客户内心的一个重要原则，这就需要销售人员从细微处给予最真挚的接纳、关心、容忍、理解和欣赏。

有一位销售员约好到客户家里推销厨具，但是刚好碰到客户家里正在装修。当销售员到来的时候，客户的家里还没有收拾完毕，屋子里很乱，客户迟疑了一下还是请他进屋了。销售员看出客户有些不高兴。于是便小心翼翼地找话题说："您的居室好大啊！装修得真不错，既大气又时尚。"客户听他说起装修，正好是想说的话题，于是开始发牢骚，说装修工程不顺利，很多材料都不中意，而且进度太慢，已经忙了一个多月还没有完工。销售员表示理解，并说了些安慰的话。

这时候销售员发现客户由于忙里忙外，只是穿了一双拖鞋，而此时客厅是比较冷的，刚才干活不觉得，而停下来的话就很容易着凉。于是销售人员便巧妙地提醒客户说："装修房子的确是件累人的事情，但是也不要忘记照顾自己的双脚，我建议您应该先'装修'一下它们，免得受冻向主人抗议。"

客户其实也觉得有点凉，但是不好意思说，而此时销售员注意到并温馨地提示自己，使客户的心里一热，于是他会意地笑了，说："那真是不好意思，我先失陪一下。"销售员点点头说："没关系，您请便。"

等到客户回到客厅，坐在销售员对面的时候，销售员及时地说："把它们包装好了，我就觉得安心了。我可不希望我的客户生病不舒服。"客户顿时感到内心一股暖流穿过。在接下来的交谈中，气氛很是轻松，最后客户决定购买他的全套厨具。临走时，客户真诚地对销售员说："我会很珍惜像你这样好的销售员的。"

每个人都有遇到困难、感到烦恼的时候，而此时也是最需要别人关心的时候，不管是亲人、朋友还是陌生人，也许只要一句简单的安慰或者问候就可以给他莫大的温暖和鼓励。

学会关心、帮助别人，这样当你需要关心和帮助的时候，就会有很多的人向你伸出援助之手。不管这个人是你的亲人、朋友还是陌生人，当他们需要帮助的时候，如果你可以慷慨地献出自己的真心和爱心，说不定哪天他们就会成为你最忠实的客户。对他人表现出诚恳的关心，不仅可以帮你赢得朋友，也令你的客户对你和你的产品报以忠诚。

真诚地尊重你的客户，让他们感到自己很重要，是打开对方心灵的金钥匙。因为成为重要人物是人性里最深切的渴望。销售员永远都要让客户感到自己很重要，给客户多些关心和理解，让客户感到你的真诚和尊重，这时候人与人之间的隔阂就会消除，客户才更加容易敞开心扉，真诚地对待你。

先交朋友，再做生意

销售大师原一平，曾著有两本销售方面的书：《撼动人心的销售法》和《销售之神原一平》。可以说每一本书都是他根据自己多年的销售经验和心路历程所写的。在这些书中，他告诉人们的不仅仅是他的推销经历与不凡业绩，更多的是在向人们传授一些非常实用的推销技巧。

很多销售行业的新手都对他的书如痴如醉，里面的那些理论总结与经验之谈让他们受益终身。

原一平在书中反复提及了一条原则，那就是要通过得当而有效的沟通来与客户建立真诚的友谊。在书中，原一平根据自己的亲身经历来现身说法。

有一天，原一平的一位朋友告诉他，他认识一家建筑公司的经理，这家建筑公司实力极其雄厚，生意做得非常大。于是，原一平就请他的这位朋友给自己写了一封介绍信，随后他就带着信去拜访那位年轻的经理。

意想不到的是，朋友的这位熟人并不买他的账，只是在瞥了一眼原一平所带来的介绍信后，非常冷淡地对他说道："你是想向我推销保险吧？我可没兴趣，你还是请回吧！"

"山田先生，你还没有看我的计划书呢！"

"我一个月前刚刚在另一家保险公司投保过，你看我还有必要再浪费时间来看你的那份计划书吗？"

年轻经理一再地拒绝，但这并没有将原一平吓走，他反而鼓起勇气，大胆问道："山田先生，我们都是年龄差不多的生意人，你能告诉我你为什么这样成功吗？"

"那你想知道什么？"

"你最开始是怎样投身于建筑行业的呢？"

原一平极富诚意的语调和发自内心的求知渴望，让这位年轻的经理不好意思再用一种冰冷的态度来回绝他。

于是，年轻经理开始向原一平讲述自己过去那段艰难的创业史，每当他说到自己是如何克服挫折和困难，并遭受过很多的不幸经历时，原一平总会伸出手，拍拍他的肩，说："一切不幸都过去了，现在好了。"

很快，3个多小时过去了，突然，经理的秘书敲门进来，说是有文件要请经理签字。等秘书出门之后，二人相互对望了一下，谁都没有开口说话。

最后，还是那位年轻经理打破了沉默，他轻声问道："你需要我做些什么呢？"

"哦，你只需要再回答我几个问题就可以了。"

"什么问题呀？"

经理好奇地问道，他原以为原一平会直接让他买保险呢。

原一平于是提了几个关于山田先生建筑事业方面的问题，并据此大致了解了山田今后的打算、计划和目标。

山田先生都一一向他做了说明，后来山田先生又一次自言自语说道："真搞不懂，我怎么会告诉你那么多关于我自己的事情，有很多事我甚至连我妻子都没有告诉过呢！"

原一平听后笑着起身告辞，他说："山田先生，谢谢你对我的信任，再见，下次再来拜访你。"

两个星期之后，原一平又带着一份计划书敲开了山田先生办公室的门，这份计划书是他费尽心思做出来的。在计划书里，原一平为山田建筑公司详细拟订了一些未来发展的规划。

当山田再次看见原一平时，一见如故，他非常亲热地走上前握住他的手，说："欢迎光临。"

"谢谢你的盛情，请你看一下这份计划书吧，里面如有不当，还请你多多指教。"

山田坐在沙发上仔细翻阅了一下原一平呈上来的计划书，脸上露出欣喜的表情。

"真是太棒了，我们自己人还想不了这么周全呢！实在太谢谢你了，原一平先生。"

"呵呵，别客气，我哪能跟你们公司的专业人士相提并论呢？"

于是两个人坐下来，又谈了很久。而这一次，等原一平离开山田的办公室时，这位经理居然毫不犹豫地投了100万日元的人寿保险，紧接着该公司的副经理也向原一平投了100万日元的保险，财务秘书也投了25万日元的保险。

这仅仅是该公司第一次所买的保险金额，而在接下来的10年当中，山田建筑公司一直都与原一平保持着良好的合作关系，他们在原一平那里所投保的保险金额前后总共达到了750万日元。

后来，原一平和山田先生的友谊也越来越深，他俩也成了一对非常默契的合作伙伴。

好好珍惜客户的信赖

信赖是人与人通过相互了解所达到的一种彼此间的相互依赖和信任。著名作家冯骥才曾说："信赖，往往创造出美好的境界！被人信赖是一种福分，然而信赖他人却需要莫大的勇气和信心。"客户信赖一个推销员，这是推销员的荣幸，但这种信任也是非常脆弱的，一旦你失去了客户的信赖，你们之间的关系也就走到了终点，所以，每个销售员都应该珍惜客户对他的信赖。

不论是成名前还是成名后，雅芳公司的销售代表艾德娜·拉尔森都始终十分珍惜客户对她的信任。她非常清楚：每个人在兴趣爱好、审美观念等方面都有各自不同的特质，所以人们也一定有不同的需求。因此，她的销售从来都是因人而异的，十分具有针对性。她从来不会利用客户对她的信任来推荐客户不适合使用的产品，或者是根据自己的获利高低来推荐产品。

一般的化妆品销售人员通常都是背一个箱子去到客户家里推销，而艾德娜·拉尔森每次都要带着3个箱子。要知道，每个箱子的重量是25磅。她为什么这样做呢？因为她深知，化妆品不同于其他产品，并不是只要看到样子就足够了。化妆品是要试一试、比一比、看一看才能决定哪一款更适合客户。所以，自己不仅要对所推销的每一种产品的性能、特点和价格等都要了如指掌，而且一定要带上足够的样品让客户试用。这样，不仅能让客户尝试到比去商场购买时还多的品种，而且自己还能够和她们一起讨论、研究并最终做出选择与购买决定。这样才会让客户选购到最适合她们的产品。

正是这种个性化的贴心周到的服务，让每一位购买艾德娜产品的客户都对她表现出绝对的信任和由衷的赞美。在她居住的区域里，女人们都对她十分熟悉，不论老少都亲切地称她为"雅芳小姐"。一旦她们有什么事情，也都愿意找她，跟她说心里话。

当然，如此一来，很多时候艾德娜一见到客户就很难在短时间内脱身，甚至影响到她的销售业绩。谁遇到这样的事情都感觉很棘手，也许有很多人选择比较极端的方法，告诉客户自己没有时间，还要卖其他产品，以后再来光顾。但这样做就会伤害到客户，甚至你的言行中稍有厌烦的表情，客户就可能把你之前做的一切热情的行为都认为是虚假的，时间长了，他们就会逐渐疏远你，并不再信任你。

艾德娜因为客户耽误了时间，但她没有表现出任何懊恼，她知道这是因为客户喜欢她、信任她才这样做的。当然，为了能够保证工作时间不被耽搁，她也在不断地思考，怎样做才能既不伤害客户，又能保证工作时间呢？

后来，她终于想到了一个的两全方法——艾德娜称之为"分手的技巧"。这就是，当她每次访问客户前，都会事先列出详细的时间表，且保证每次都严格按表操作。当时间一到，她就会先看看表，然后面带微笑，用依依不舍的语气说道："亲爱的，我真的很想和您多聊一会，可是很抱歉，下一个客户的见面时间就要开始了，咱们下次再聊好吗？"而客户们一般都会很理解地赶紧跟她说再见。

她没有直接说自己要卖产品，而是说下一位客户还在等着，这样就会让客户更理解她，且不会伤到彼此友好的关系。而正是艾德娜对客户的无比重视，让她赢得了越来越多的客户。

艾德娜在工作中表现出来的对客户的爱心以及对客户的尊重、负责，都是我们做推销员应该认真学习的，有时候任何技巧都比不上你有一颗对客户真诚负责的心有效。无论在何种情况之下，急功近利都是推销员致命的弱点。如果你为了急于求成，不计后果，甚至不择手段，不懂得去珍惜客户对你的信赖，最终将由你自己咀嚼失败的苦果。

所以，真心地尊重和关心客户，客户才会信赖你，才会真心关心你、帮助你。

售后不好，客户全跑

客户"回访"和"跟踪"是客户服务的重要内容，做好客户"回访"与"跟踪"是提升客户满意度的重要方法。对于重复消费的产品企业来讲，通过客户"回访"和"跟踪"不仅可以得到客户的认同，还可以创造客户价值。充分利用"回访"和"跟踪"技巧，会得到意想不到的效果。

通过对各类客户群的跟踪随访，全面系统掌握产品在客户群中的使用动态，能及时准确地反映出产品的质量，还有客户在使用中遇到的一些问题。同时对客户进行回访与跟踪有利于第二次销售。要想保住老客户，做好回访和跟踪是关键。除了销售出的产品或服务质量过硬以及有良好的售后服务外，销售员还应该定期与自己的客户保持联系，不断地沟通感情。为什么要强调回访客户呢？

1. 80%的销售业绩来自20%的客户

这20%的客户是销售员长期合作的关系户。如果丧失了这20%的关系户，那么销售员将会丧失80%的市场。当产品普及率达到50%以上的时候，更新购买和重复购买则大大超过第一次购买的数字。这表明，销售员若能吸引住老客户，让老客户经常光顾，其增加销售额的机会就更大。

2. 确保老客户可节省成本和时间

维持关系比建立关系更容易。据美国管理学会估计，开发一个新客户的费用是保持现有客户的6倍。因为进行一次个人销售访问的费用，远远高于一般性客户服务的费用。维护老客户，是降低销售成本的最好方法之一。

3. 避免失去任何一个客户是销售成功的秘诀

开发新的客户群本无可厚非，但销售员不应当把开发新的客源建立在抛弃或忘掉老客源的基础之上。对于新客户的销售只是锦上添花，如果没有老客户做稳固的基础，对新客户的销售也只能是对所失去的老客户的抵补，总的销售量不会增加。有人打了个形象的比喻：老客户可以说是销售员今天的饭，而新客户则是销售员明天的饭，没有今天就肯定不会有明天。

俗话说得好，"打江山难，保江山更难"，用这句话来概括销售员开拓销售业务的过程，再恰当不过了。开发新客源难，留住老客源其实更难。如果销售员将老客源丢掉了，那么他曾经付出的时间、精力都会付诸东流了，其损失很难估计。如果一个销售员不能经常关心、联系自己的老客户，那么无疑是给竞争对手留下了一个乘虚而入的机会。不让竞争对手进来的最好办法，就是要经常不断地关心自己的客户，使之只认准你一个人。

美国著名销售大王乔·吉拉德每月要给他的13 000名客户每人寄去一封不同大小、格式、颜色的信件，以保持与客户的联系。正是这小小的一封信，使很多人成了乔·吉拉德的铁杆客户。

一般说来，售后的回访和跟踪可分"定期拜访"和"不定期拜访"两种。"定期拜访"多半适用于技术方面的维护服务，如家电业及信息产业等，公司通常会定期派专员做维修保养方面的服务。"不定期拜访"也称为"问候访问"，指不定期的访问，这是销售员必做的工作。这种售后的访问，通常是销售员一面问候客户，一面询问客户产品的使用情况。

销售员最好在事前拟订好访问计划，定期而有计划地做好回访跟踪。销售成交后，真正的回访和跟踪也就开始了。在回访的最初阶段，聪明的销售员一般都会采用"二四八"法则。

"二"是指在产品售出后的第二天。销售员就应同客户及时联系并询问客户是否使用了该产品。如已经使用，则应以关怀的口吻询问，他是如何使用的，有无错误使用，这时"适当地称赞和鼓励"有助于提高客户的自尊心和成就感。如没有使用，则应弄清楚原因，并有针对性地消除他的疑虑，助其坚定信心。

"四"是指产品售出后的第四天。一般来说，使用产品后的四天左右，有些人已对这一产品产生了某种感觉和体验，销售称之为"适应期"。这时如果销售员能打个电话，帮他体验和分析适应期所出现的问题并找出原因，对客户无疑是一种安慰。

"八"是指产品售出后的第八天。一般来说，使用产品后的八天左右，销售员应该对客户进行当面拜访，并尽可能带上另一套产品。当销售员与客户见面时，销售员应以兴奋、肯定的口吻称赞客户，诚恳而热情地表达客户使用该产品后的变化或感受。在这个过程中，无中生有、露骨的奉承是不可取的，而适当的、恰到好处的称赞，消费者一般都能愉快地接受。若状况较佳，销售员则可以顺利推出带来的另一套产品。

对老客户的"回访"与"跟踪"服务，固然不会在短期内实现利润，表面看起来似乎是亏本的买卖，可是若是从长远的角度来看，销售员在老客户身上所花费的时间和精力都不是白费的，都一定会有所回报。售后回访和跟踪服务的完美周到，能使客户产生强大的信任感，并愿意保持长期稳定合作关系。

当然，在对客户的"回访"与"跟踪"的过程中遇到客户抱怨是正常的，正确对待客户抱怨，不仅要平息客户的抱怨，更要了解抱怨的原因，把被动转化为主动。建议单位在服务部门设立意见搜集中心，收集更多的客户抱怨，并对抱怨进行分类。例如抱怨来自产品质量的不满意（由于功能欠缺、功能过于复杂、包装不美观、使用不方便等）、来自服务人员的不满意（不守时、服务态度差、服务能力不够等）等方面。通过解决客户抱怨，不仅可以总结服务过程，提升服务能力，还可以了解并解决产品相关的问题，提高产品质量，扩大产品使用范围，更好地满足客户的需求。

客户"回访"与"跟踪"是客户服务的重要一环，应重视对客户的"回访"与"跟踪"，充分利用各种回访技巧，满足客户的同时创造价值。